WELL-BEING
MANAGEMENT

ストレス
チェックの
プロが教える、
新しい
チームづくり

幸せなチームのリーダーがしていること

船見敏子

方丈社

幸せなチームのリーダーがしていること

目次

第2章 幸せなチーム・第1の法則
仕事の負荷がいいあんばい

第3章 幸せなチーム・第2の法則
自由度が高い

第4章 幸せなチーム・第3の法則 仕事の充実感が高い

第5章
認め合う文化がある
幸せなチーム・第4の法則

第6章
チームワークが良い
幸せなチーム・第5の法則

はじめに

本書を手に取っていただき、ありがとうございます。
これは、あなたと、あなたのチームを幸せへと導く本です。

あなたは、幸せに働いていますか？
あなたのチームは幸せでしょうか？

私は公認心理師として、組織活性化のためのメンタルヘルスサポートをしています。全国の企業や団体でカウンセリングや研修、コンサルテーションを行い、幸せに働く人、幸せな組織が増えるようお手伝いしています。

しかし、現実はその理想とは程遠いのです。長時間労働でへとへとに疲れて、体調を崩す人。不平不満を言い続け、それでも仕事を辞めない人。ギスギスした雰囲気で生産性が低下しているチーム……。幸せとは程遠い働き方をしている人をたくさん見てきました。

私自身、「幸せに働く」ということをテーマに掲げていますが、このことを意識するようになったのは、20代半ばのことです。

大学卒業後、出版社に入社し、雑誌編集者となりました。最初に配属された編集部の編集長はとても厳しく、仕事中におしゃべりをしているだけで怒られたものです。原稿を書けばダメ出しの嵐。出す企画は次々にボツにされ、「編集者には向いていないんじゃない?」とも言われました。

今なら、それも愛情だったのだとわかるのですが、社会人になって間もない私にとってはそれはそれは辛い日々でした。こっぴどく怒られ、会社から帰る道すがらボロボロ泣いて帰ったことも一度や二度ではありません。そのストレスを紛らわすように、深夜に帰宅してから甘いお菓子を大量に食べ、体重は10キロ増えました。

仕事に対する自信など高まるはずもなく、「私は編集者には向いていないんだ」と、毎日悶々と過ごしていました。

しかし1年ほど経ち、別の編集部に異動することに。異動先の編集長Nさんはわずか30歳で編集長に抜擢された切れ者。編集部員も全員20代の、フレッシュな編集部でした。

Nさんは、会議で全員の意見を聴きます。誰が何を言っても否定せず、「うん、なるほど。いいね」と受け止めてくれます。相談をしに行けば椅子をわざわざ持ってきてくれ、座るよう促してくれます。そして、決して答えは出さず、一緒に悩んでくれるのです。アイデアを出せば、それが突飛なものであったとしても、「やってごらん。責任は僕が取るから」と背中を押してくれました。

編集部員はそれぞれに個性的でしたが、皆が自分の持ち味を生かしたページを作っていました。そんな環境の中で、私は少しずつ自信を高めていき、気づいたらたまらなく仕事が面白く、楽しくなっていきました。

以前の編集部のときは深夜までいやいや残業していましたが、今度は違います。楽しくて、夢中になって仕事に没頭し、気づいたら深夜になっていた。そんな夜が何度もありました。体重も自然と落ち、以前の体形に戻りました。

以前の編集部で作っていた雑誌は売り上げが芳《かんば》しくありませんでした。でも、次の編集部の雑誌はそのジャンルでナンバー1の売り上げです。楽しく作っていて、しかも売れている。売れているからどんどん好きなことができる。私はとても幸せを感じていました。

あまりに幸せで、自信がつきすぎて、その後独立をすることになるのですが……(笑)。

リーダーの振る舞いやマネジメントが異なると、チームの雰囲気やモチベーション、そして生産性、結果が違ってくる。そのことを、私はふたりの下で働いて学びました。そして、**幸せに働くことで人はどんどん能力を発揮することができ、結果を出せるようになるのだ**、ということを身をもって体感したのです。

メンタルヘルスの世界に転向し、心理学を学ぶようになってから、私が体感したことが単なる自分の感覚ではなく理論的に証明されたことだと知りました。

幸せに働くからこそ、求める結果が出るのです。

このことは、最近、少しずつ認知されるようになってきましたが、まだ多くの人は気づいていません。たくさんの会社を訪問してきましたが、この事実を理解し、実践しているリーダーは、まだまだ少ないと感じています。あまりにもったいない!

実は、幸せに働くこと、幸せな職場づくりに役立つのが、ストレスチェックです。ストレスチェックでは、従業員が何にストレスを感じているか、モチベーションの源になっていることは何か、ストレスがどの程度健康に影響を与えているかなどを測定することができます。結果を分析して、ストレス要因を減らす対策、モチベーションが高まる対策を取っていくことで、従業員は健康にいきいきと仕事ができるようになっていきます。

個人の健康状態や職場の状況が手に取るようにわかるのがストレスチェックです。義務だからと実施はしているものの、いまひとつ活用できていない職場が多いのですが、これまた実にもったいない！　モチベーションアップ、創造性や生産性向上のためにストレスチェックを活用しない手はありません。

本書では、幸せに働くとはどういうことか、メンバーが幸せになるとなぜチームは伸びるのか、そして、ストレスチェックの結果の活用方法とチームの幸福度を高める具体策をお伝えしていきます。

同じ働くなら、幸せに働いたほうがいい。チームは幸せなほうがいいに決まっています。そんな当たり前のことを、今こそ実現させてください。

なお、本書で多数の事例を紹介していますが、守秘義務に基づき、いずれもアレンジを加えています。あらかじめご了承ください。

1章

幸せだから、チームは伸びる

1-1

幸せな成功者と、不幸な成功者。その違いは幸せファーストか、そうでないか

幸せだから、欲しいものが手に入る

かつて私は記者として、1000名超の著名人にインタビューをしました。俳優、ミュージシャン、作家、医師、経営者、アスリートとその分野はさまざまですが、第一線で活躍する人ばかりです。

インタビューに行くと、マネージャーやスタッフなど、関係者が複数同席します。そこでは、メディアには映らない取材対象者の素顔や、周囲との関係性なども垣間見ることができます。

ワクワク仕事をして、健康度も高い。なおかつスタッフとも互いに信頼しあっていることが感じられる。そんな、幸せな人にたくさんお会いしてきました。彼らの多くが、今も第

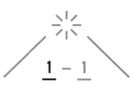

一線で活躍を続けています。

一方、インタビュー自体は面白いし、とてもエネルギッシュで存在感があるけれど、ネガティブな発言が目立ったり、スタッフをぞんざいに扱う人もいました。陰でスタッフに悪口を言われている人もいました。健康を省みず働くワーカホリック気味の人もいました。中には、その後、事業が失敗したり、人気に陰りが出たり、罪を犯して逮捕された人もいます。

どちらも、人もうらやむようなことを成し遂げ、成功しています。それなのに、全く違うのです。

多くの人は、「お金や地位や名誉など自分の欲しいものを手に入れれば幸せになる」と思っています。何かが手に入れば、なりたい自分になれば幸せになると信じています。だからこそ、それを手に入れようと頑張るわけです。

ところが実際それを手に入れても、何か足りない。幸せになった気がしない。だからもっともっと成功を求めて、さらにがむしゃらになります。結果、自分や周囲を傷つけ、せっかく積み上げたものを失ってしまうのです。もちろん、目標のために頑張ることは大切ですが、度を超すと大切なものを見失います。それが、私が見た不幸な成功者たちです。

自分の幸せに貪欲だから、うまくいく

一方、幸せに成功している人は、考え方が逆です。自分が幸せでいれば、欲しいものが手に入ると考えているのです。30年以上トップを張り続ける俳優が、「楽しい人生だったと思って死にたいんです」とインタビューで語っていましたが、自分が本質的に望むことを見据えて日々を楽しんでいるからこそ、彼らは豊かに成功しているのだと感じました。

何かを手に入れたから幸せになるのではありません。

幸せファーストだから、結果的に成功するのです。

こんなこともありました。

大物女優Kさんのインタビューをしたときのこと。書き上げた原稿をチェックしてもらうためにマネージャーに送ったところ、電話があり、「Kが船見さんと話したいと申しております」と言うのです。

女優が記者と直接話したいと言ってくることなどまずないので、私は「地雷を踏むようなことを書いてしまったのか?」と震え上がりました。

結局、Kさんと私のスケジュールが合わず、直接お話をすることはできなかったのです

が、マネージャーが「では私が代わりに」と、修正点を伝えてくれました。

なんということのない修正が2点ほど、でした。わざわざ直接話すまでもない些末な修正なのに、なぜ彼女は話したいと言ってきたのか。理由は定かではないのですが、恐らく、Kさんは、細かなこととはいえ、書いてくれた原稿を直してもらうのは忍びない。だから直接話そう、と思われたのではないか。気取らずきっぷのいい女性で、なおかつインタビュー中も細やかな気遣いをしてくださる方でしたから、きっとそうだったのだろうと、私は思っています。それ以外に理由が考えられないのです。

一度しか会っていないインタビュアーに対してもここまで気遣いをするのですから、周囲に対してはさらに丁寧に気配りをしているのでしょう。媚びることなく自身の美学を貫きつつも、いい人間関係を築いてきた彼女は、充実した幸福な人生を送ってきたはず。だから、たくさんの人から愛されるのでしょう。もちろん彼女は、もう50年以上、第一線で活躍を続けています。幸せな成功者のひとりです。

幸せなチームへの道 01

幸せに成功している人は人間関係を何より大事にしている

1－2

アフターコロナは「幸せ」が職場のスタンダードになる

注目を集める「ウェルビーイング」

新型コロナウィルス感染拡大により、なかなか普及しなかったテレワークが一気に拡大するなど、働き方の概念が大きく変化しました。制限も多い状況の中で、自分の生き方、働き方についてじっくり見つめなおした人も多いはずです。

自分にとって本当に大切なものは何か。どう生きれば本当の豊かさや幸せを感じられるのだろうか。コロナ禍は、そんな本質的なことを考え、求めるきっかけになったのです。

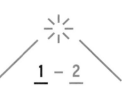

同じ働くなら、幸せで楽しいほうがいいに決まっています。

この会社で働いて良かったと思える喜びを感じたくない人などいません。働く人の、そんな素朴であたりまえの欲求を叶えることが、ますます組織に求められているのでしょう。

そんな中、「ウェルビーイング」という概念を経営に取り入れる企業が増えつつあります。「ウェルビーイング」の意味については後述しますが、「幸せ」とも訳されるこの考え方を取り入れ、ウェルビーイング担当者を置いて従業員の幸せ向上のための施策を進めたり、「幸せ」「幸福」という言葉を経営理念やビジョンに掲げる大企業も出てきています。

以前から、世界的に「ウェルビーイング」は注目されており、欧米では「ウェルビーイング経営」を進める企業が増えています。また、ニュージーランドは、２０１９年に「ウェルビーイング・バジェット（幸福予算）」を発表。国や国民の幸せのために国の予算を使うという世界初の試みです。ほかにも、スコットランド、アイスランドなど、「ウェルビーイング」を推進する取り組みを始めている国や地域もあります。

日本でも、２０２０年、自民党内に日本well-being計画推進特命委員会が発足。社会の豊かさや人々の満足度を反映させた新たな指標を作成し、政府の各種基本計画に盛り込む提言をまとめています。経済重視から幸福重視へと、日本も世界に追いつこうとしています。アフターコロナは、「ウェルビーイング」が、国と組織のスタンダードになっていくでしょう。

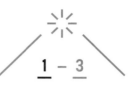

1－3

「幸せ」とは心も体も社会的にも満たされていること

永く続く幸せこそが大事

「ウェルビーイング」とは、直訳すると、「幸福」「幸せ」。１９４６年、世界保健機関（ＷＨＯ）が設立される際に、憲章草案の中で用いられて以降、世界に広まったワードです。心理学やメンタルヘルス業界では当たり前のように使われていましたが、ここ最近、一気に注目が高まってきました。

ＷＨＯの定義では、「健康」とは**「単に病気でないとか、虚弱でないということではなく、身体的にも、精神的にも、社会的にもすべてが満たされた状態」**。

からだと心が健康なだけでは足りない。社会生活も満たされている状態であってはじめて幸福である――これこそが「ウェルビーイング」。心身が健康であったとしても、仕事で大きなストレスを抱えダメージを受けていたり、地域に溶け込めず孤立しているなどの問題があれば、心身の健康にも影響します。だから社会的な健康も重要なのです。

本書がテーマにしている「幸せ」とは、この「ウェルビーイング」のことです。

1998年に、アメリカの心理学者、マーティン・セリグマンが「ポジティブ心理学」を提唱しました。それまでの心理学は、「ネガティブ心理学」。うつや問題行動がなぜ起きるのかという、心のネガティブな面に着目した学問でした。

ところがセリグマン博士は、「問題を解決することも大事だが、普通の人々の幸せに着目することも大事だ」と、持続的な幸福を追求することの重要性を唱えたのです。彼が提唱した「ポジティブ心理学」がベースとなった概念が、ポジティブメンタルヘルスです。

マイナスをゼロに戻すだけでなく、プラスのものをもっと上に引き上げる。つまり、健康な人をもっと幸せにするための方法――これが、ポジティブメンタルヘルスです。まさに、「ウェルビーイング」とつながる考え方です。

幸せには、5つの要素がある

セリグマンは、「ウェルビーイング」とは「持続的幸福度」であり、ポジティブ心理学の目標は持続的幸福度を増大することであると述べています。

「ウェルビーイング」は短期的な幸福ではなく、満ち足りた幸せな状態が永く続くこと。人生の中で、その状態を増大させていくことこそが重要だということです。

明るい気分や陽気な気分になること＝幸せとイメージする人も多いですが、その気分は「ウェルビーイング」のほんの一部。さまざまな要素によって、「ウェルビーイング」は構成されているのです。

セリグマンは、「ウェルビーイング」には5つの構成要素があると述べています。頭文字を取ってPARMA（パーマ）と呼ばれています。

Positive Emotion（ポジティブ感情）
Engagement（エンゲイジメント）
Relationships（関係性）
Meaning（意味・意義）
Achievement（達成）

・ポジティブ感情は、楽しい、嬉しい、心地いい、温かいなどといった快の感情のこと。
・エンゲイジメントは、何かに没頭すること。
・関係性は、信頼し合える仲間がいる、家族と強い絆で結ばれているなど、良好な人間関係をもっていること。
・意味・意義は、自分の人生や活動に意味を見出している、意義を感じること。
・達成は、成功すること、目標を達成すること。

この5つの要素を高めることで、「ウェルビーイング」を高めることができるとセリグマンは言います。

いいことがあったとか、何かを持っているなどの条件は、「ウェルビーイング」＝本当の幸せとは関係がないのです。それよりも、周囲といい関係を築き、目標を持ってそれに向かって意欲的に作業に取り組み、自分がしていることや日々に意味を見出して、ポジティブな感情を感じられるようにする——。こういった工夫を重ねることで、持続的な幸福度を高めることができるというわけです。

つまり、幸せは、作ることができるのです。

それは、さほど難しいことではありません。誰でも、いつでも幸せになることができます。

私がインタビューした幸せな成功者たちも、この５つの要素が高かったと感じます。「ウェルビーイング」を高めることでさまざまなことがうまく回り出すのだということを、彼らの活躍ぶりを見るにつけ確信します。

幸せなチームへの道 02

不幸なのは、環境や他人のせいではない。幸せの作り方を知らないだけ

1-4

幸せな人は生産性、創造性、売り上げが高い

幸せファーストだから、結果が出せる

幸福学の創始者と言われるイリノイ大学名誉教授のエド・ディーナー博士は、幸福感の高い人は、そうでない人と比べて、創造性が3倍高く、さらに生産性は31％、売り上げは37％高いという研究結果を発表しています。また、欠勤率や離職率が低く、良好な人間関係を保っていることも明らかにしました。

「ウェルビーイング」の構成要素を見れば、幸福度と生産性や創造性の相関性にはうなずけます。

PERMAにも含まれている「エンゲイジメント」とは、働く人の幸せには不可欠です。

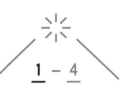

「ワーク・エンゲイジメント」という言葉があります。仕事に対してポジティブで充実した心理状態で向き合えていることを意味する言葉で、オランダ、ユトレヒト大学のウィルマー・B・シャウフェリ教授が、「バーンアウト」の対概念として提唱したものです。

「バーンアウト」とは、燃え尽き症候群のこと。仕事で心身のエネルギーを消耗し、疲れ切って燃え尽きたような状態になることを指します。そうなると、メンタル不調に陥るだけでなく、ミスや大きなトラブル、過労死、離職につながるリスクがあります。

それに対して「ワーク・エンゲイジメント」は、いきいきワクワク仕事している状態を表します。「ワーク・エンゲイジメント」は、「活

ワーク・エンゲイジメント

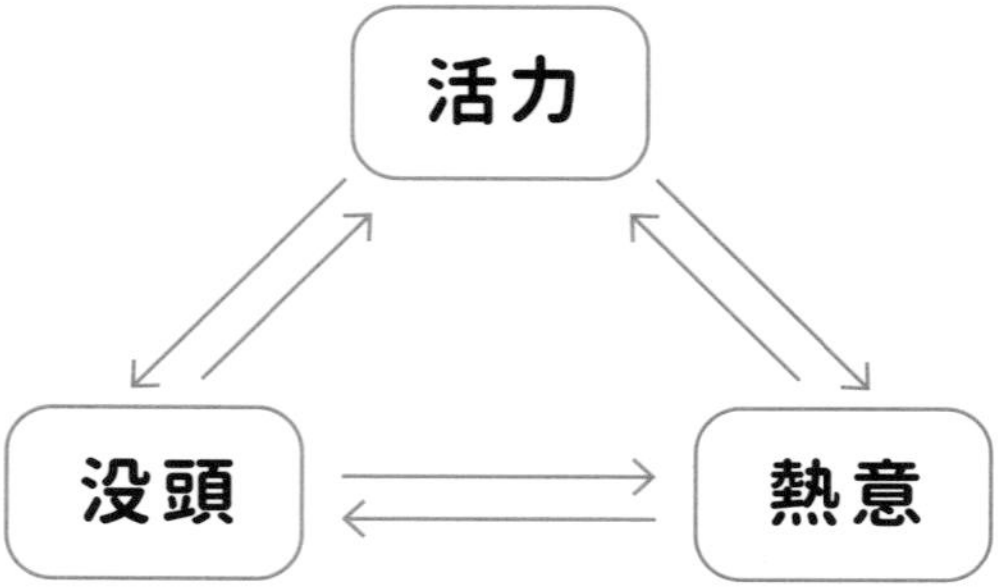

力、熱意、没頭」の3つの要素から構成された概念。

エネルギッシュに仕事に取り組み、ストレスがあっても回復できる力を表す「活力」。

仕事に意義を見出し、誇りをもって挑戦することを表す「熱意」。

仕事に集中し、時間を忘れるほどのめりこむ状態を意味する「没頭」。

目標に向かってやりがいを感じながら取り組み、ストレスを乗り越えながら、ときにはのめりこむほど熱中し、仕事そのものからもパワーをもらってイキイキしている。そんな状態が、「ワーク・エンゲイジメント」が高い状態だと言えます。

同じ仕事でも、バーンアウトにも「ワーク・エンゲイジメント」にもなり得る

仕事に誇りを持てずやりがいも感じないと、疲労が蓄積し、やがては「バーンアウト」に陥ります。しかし、意義ややりがいを見出す工夫をして臨めば「ワーク・エンゲイジメント」を高めることができます。同じ仕事をしていても、いきいきしている人もいれば疲れきっている人もいますが、その違いは、幸福度にあります。

ポジティブな気分を維持し、周囲といい関係を築き、意欲的に人生を歩んでいる幸福度

の高い人は、仕事にも前向きに取り組むことができるため、結果を残せるということです。たとえ大変な仕事であっても、周囲といい関係を築いて、その仕事に意義を見出すことができるからこそ、ストレスを乗り越えていくことができます。ストレスを乗り越えればそれが自信となり、さらに意欲も湧いてきます。

私が出会った幸せな成功者たちは、必ずしも順風満帆だったわけではありません。幾多の困難に見舞われた人もいます。それでも自分を幸せにすることをあきらめませんでした。自分を幸せにすることを常に優先していたからこそ、結果として成功したのです。

人の中には「幸せの泉」があると、私は考えています。その泉からこんこんと幸せが湧き出ていれば、人に幸せを与えることができます。しかし泉が枯れていたら、人を潤すことはできません。

利他主義が美徳とされていますが、その前にまずは自分が幸せに満たされることが大切。そうして初めて、自然と利他主義になれるのです。

幸せなチームへの道 03

まずは自分の幸せを優先させる。
あふれ出した幸せで
人とチームを幸せにすることができる。

1－5

あなたは幸せ？幸福度チェックにトライ！

あなたの働く幸福度は？

では、あなたの現在の仕事における幸福度をチェックしてみましょう。
以下の項目を読み、
そうだ…4点
まあそうだ…3点
あまりあてはまらない…2点
全く当てはまらない…1点
として点数をつけてみてください。
あまり深く考えすぎず、直感で答えてください。

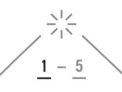

FUNAMISHIKI働く幸福度チェック

1. 仕事にやりがいを感じる
2. 私のチームには一体感がある
3. 職場での自分の役割が何かわかっている
4. 上司や同僚に認められていると感じる
5. 仕事の進め方を自分で決められる
6. 仕事で人の役に立てていると感じる
7. ストレス解消法をもっている
8. 週に2回以上、30分程度の運動をしている
9. 心から楽しめる趣味がある
10. 失敗したら、また努力すればいい

いかがでしたか？　では、結果を見ていき

FUNAMISHIKI 働く幸福度チェック

CHECK

1. 仕事にやりがいを感じる ☐
2. 私のチームには一体感がある ☐
3. 職場での自分の役割が何かわかっている ☐
4. 上司や同僚に認められていると感じる ☐
5. 仕事の進め方を自分で決められる ☐
6. 仕事で人の役に立てていると感じる ☐
7. ストレス解消法をもっている ☐
8. 週に2回以上、30分程度の運動をしている ☐
9. 心から楽しめる趣味がある ☐
10. 失敗したら、また努力すればいい ☐

合計点 ☐

ましょう。

40～35点　幸せ満開！

あなたは、とても健康で充実した毎日を送っています。仕事に対する意欲も高く、やりがいも感じているでしょう。未来の目標も自分の中に秘めているはずです。そんなあなたのエネルギーは、周りの人をも幸せにします。周囲にポジティブな言葉がけをたくさんしてさしあげてください。

34～28点　まずまずの幸せ

あなたは、まずまず幸せ。前向きにものごとに取り組む姿勢をもっています。理想と現実とのギャップに悩むことがあったり、うまくいかなくて落ち込むことがときどきあるものの、あまり引きずることはないでしょう。ひとりで抱え込まず、同僚や友人に相談することで、気持ちがもっと楽になります。

27～20点　ひとかけらの幸せ

とても充実した時期があったかと思うと、しんどい時期がやってくる。そんな浮き沈みのある人生を送っているあなた。頑張って自分をすり減らしてしまうこともありますね。周囲の人や環境に影響を受けやすく、ストレスも感じやすいでしょう。自分の強みを見つけて、自分らしく過ごせるようになると幸せが大きくふくらみます。

19点以下　幸せは遠きにありて思ふもの

仕事が辛い。何をやってもうまくいかない。そんな負のスパイラルに入ってしまっているあなた。自分には幸せなんてやってこないと諦めていませんか？　いいところもダメなところも含めて、自分をまるごと愛してあげることで、幸せはだんだん近づいてきます。そうすれば、仕事の楽しさも感じられるようになります。

幸福度が高かった人は、その状態をキープしつつ、周囲のサポートをしてさしあげ、皆で幸福度を高めていきましょう。ただし、上から目線にならないよう気をつけて。

今、幸福度が低めだった人も、心配はいりません。幸せは、簡単な方法で高められます。

1－6

チームの幸せ向上にストレスチェックが役に立つ

ストレスチェックの目的は健康の底上げ

２０１５年12月に義務化されたストレスチェック。これまでのメンタルヘルス対策は、どちらかといえば病気になってしまった人や不調気味の人をケアする疾病対策が中心でした。しかし、アブセンティーズム（病気による休職・欠勤）、プレゼンティーズム（不調によるパフォーマンスの低下）による経済損失が大きい問題、メンタル不調者がなかなか減少しない問題を鑑みれば、疾病対策だけでは不十分です。そこで、働く人が健康に仕事を続けられるよう、一次予防（未然防止）を行うことが重要です。

ストレスチェックは、一次予防を目的にしています。

・労働者が自分のストレスや働き方を見つめ直し、健康を高めるアクションを起こす「セ

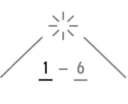

ルフケア」。

・ストレスが低減するよう職場改善をする「ラインケア」。

チェック結果をもとに、このふたつを推進するよう求めています。「セルフケア」については個人結果を、「ラインケア」は「集団分析」を活用して進めていきます。

ストレスチェックのベースになっているのは、NIOSH（アメリカ国立労働安全衛生研究所）の「職業性ストレスモデル」。

「職業性ストレスモデル」は、労働者のさまざまなストレスとその反応、疾病との関係を表したもの。

・仕事上のストレス要因（仕事の量や質、裁

NIOSH（米国立労働安全衛生研究所）職業性ストレスモデル

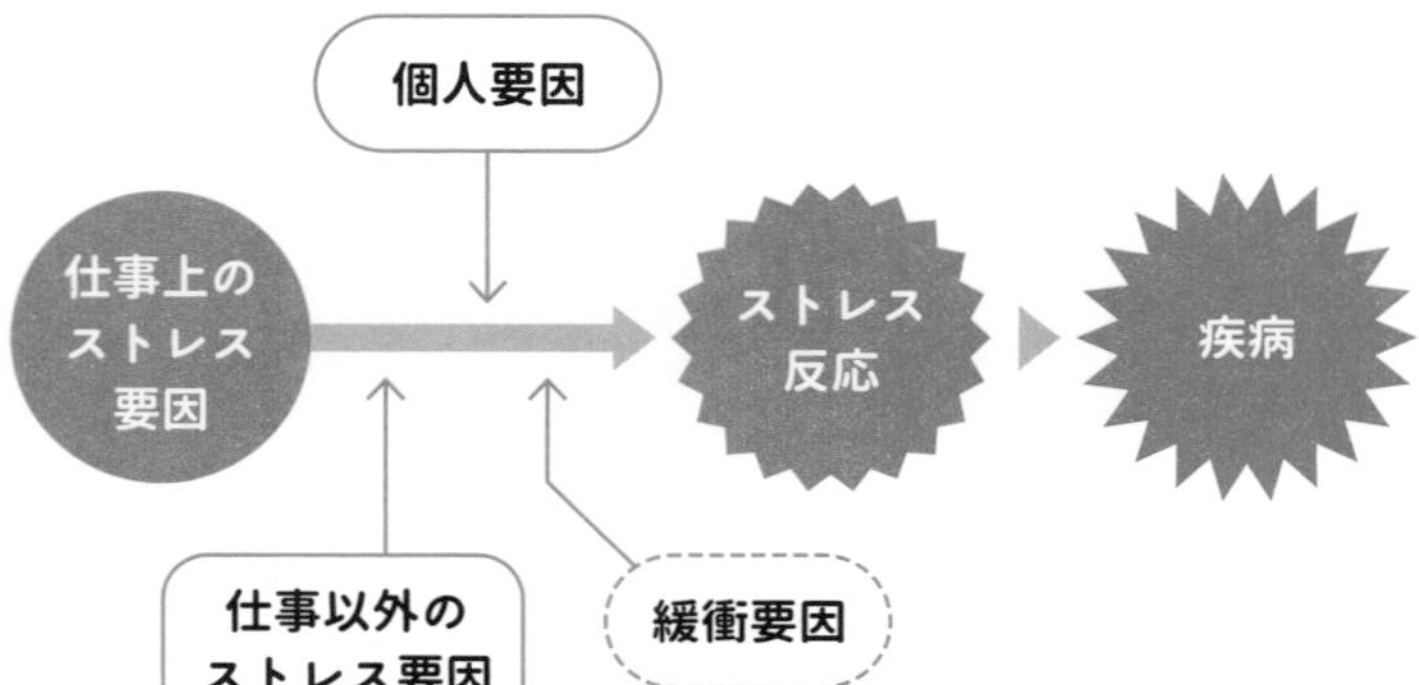

量度、対人関係、物理的環境など）

・仕事以外のストレス要因（介護や育児、家族関係、金銭問題など）

・個人要因（性格、価値観、生活習慣など）

・緩衝要因（上司や同僚、家族・友人とのコミュニケーション。ストレスの影響を和らげるもの）

これらが相互に作用し、**ストレス反応**（ミス、トラブル、イライラ、不安、抑うつ感、身体愁訴など心、体、行動面に出るストレス症状）の出方が変わります。そして、ストレス反応が大きいほど、メンタル不調や心身症などの疾病に移行する可能性があることを示唆しています。

国が推奨しているストレスチェック「職業性ストレス簡易調査票（57問の質問票）」では、「職業性ストレスモデル」に示された項目のうち、「仕事のストレス要因」「ストレス反応」「緩衝要因」の3つを計測することができます。

「集団分析」の結果から、チームメンバーたちが仕事上の何にストレスを感じているのか、コミュニケーションがよく取れているのか、どのようなストレス反応が出ているのかなどが読み取れます。

個人的な要素を見るのも重要

独自のストレスチェックを開発・提供している企業も複数あります。私が関わっているウェルリンク株式会社もそのひとつ。企業、官公庁、団体向けにさまざまなメンタルヘルス対策事業を展開していますが、今から20年以上前に独自のストレスチェックを開発した、業界の草分け的存在です。

ウェルリンクのオリジナルストレスチェックは「総合ストレスチェック Self®（以下Self）」という名称。NIOSHの「職業性ストレスモデル」をベースに、２００２年に開発・リリースされ、２０１５年のストレスチェック義務化に伴い、改訂版をリリースしています。１８９問の「Selfスタンダード」と89問の「Selfライト」があります。

「Self」は、社会への適応度をみる「社会的な健康度」、ストレス反応をみる「心身の健康度」、そして、生活習慣やストレス対応力をみる「生活の健康度」の3つの健康度から構成されています。

〝心も体も社会的にも満たされている状態〟という「ウェルビーイング」の定義とピタッと

重なるストレスチェックで、「職業性ストレス簡易調査票」で測定できることに加え、「仕事以外のストレス要因」と、「個人要因」も測定できることが大きな特徴です。

本来、ストレスの影響をどの程度受けるのかは、仕事とプライベートのストレス要因、生活の状況や性格傾向などさまざまな要素が関与しています。仕事上のストレス要因を見るだけでは、疲弊している本当の要因、健康度を高める真の対策がわかりにくいのです。

その点、「Self」は、仕事の負荷を減らせばいいのか、趣味を見つけることが大事なのか、あるいは食生活の見直しをすべきなのかなど、健康度を高めるための方法がピンポイントで把握しやすいのです。

Self 健康増進モデル

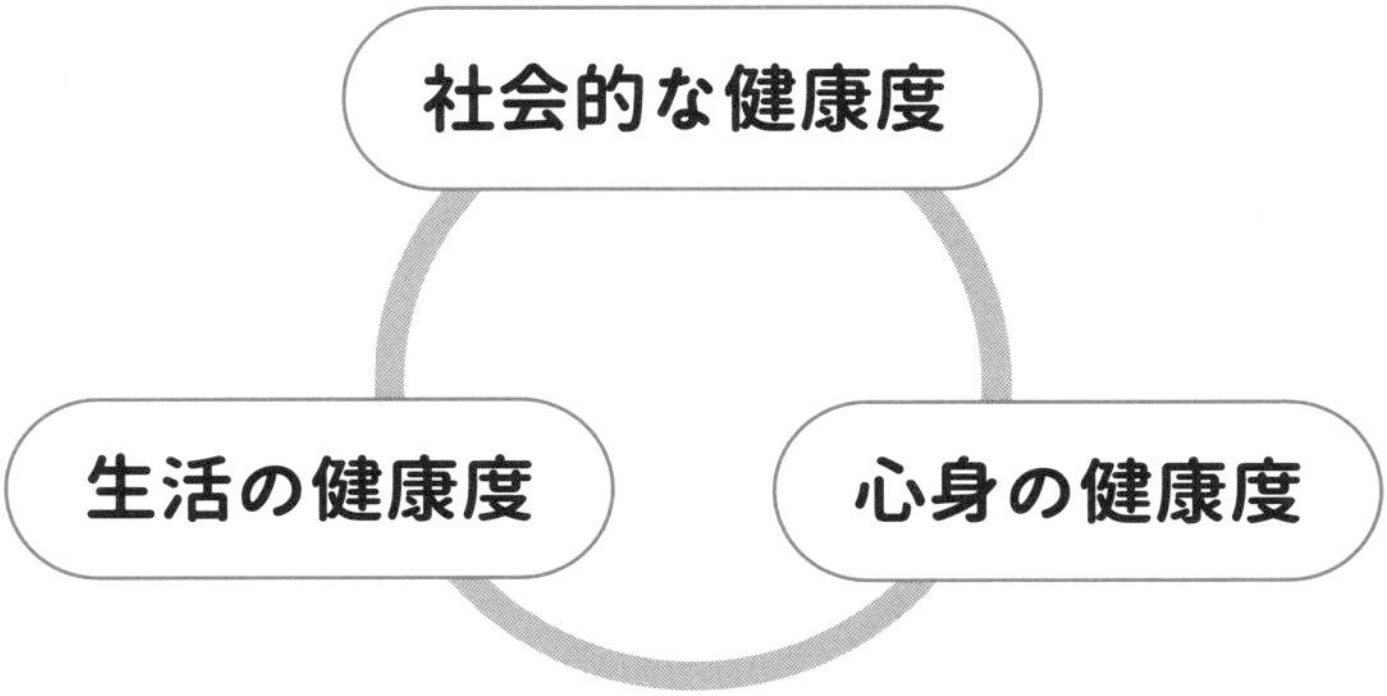

私は、「Self」の「集団分析」を活用したコンサルテーションも行っていますが、「メンバーの生活の状況がわかるので対策が立てやすい」、「食事が不規則な人が多いと感じていましたが、本当に数字に出るのですね。次の会議で食生活改善の促しをます」といった感想をいただくことが多いです。

あなたの職場でもさまざまな検査やチェックを実施していると思いますが、ストレスチェックほどメンバーの公私の状況をダイレクトに反映し、改善のための施策に結びつけやすいものはないと思います。幸せなチーム作りのために、積極的に活用してください。

1-7
ストレスチェックから見える幸せに働いている人の4つの特徴

幸せな人は、揺るぎない自信をもっている

ストレスチェック「Self」の集計結果の中に興味深いデータがありましたのでご紹介しましょう。

Ｐ41のグラフは、３つの健康度のうち、「心身の健康度」が高い集団と低い集団を抽出し、それぞれの他の項目の数値を比較しています。

「心身の健康度」が高い集団とは、ストレス反応があまり出ておらず心身の健康を保っている人たち。低い集団はストレス反応があれこれ出ていて、心身の調子を崩し気味の人たちです。「社会的な健康度」、「生活の健康度」のいずれの項目も、「心身の健康度」が高い集団のほうが良好な値になっています。

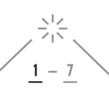

注目すべきは、高い集団と低い集団の開きが大きい項目。それが、**「曖昧さ」「仕事意識」「心配事」「対処可能感」の4つ**です。

「曖昧さ」は役割分担や責任の所在が曖昧であるということ。この項目の値が良好ということは、リーダーの指示が明確で、ひとりひとりが自分の責任と役割をわかっているということです。

「仕事意識」は、やりがいを感じている、仕事に意欲的に望んでいるなど、充実した状態で積極的に仕事に取り組んでいる状態を表します。

「心配事」は、家庭やプライベートで心配事や悩みを抱えているということ。この項目が良好な人は、心配事が少ないということになります。

そして「対処可能感」は、ストレスや困難を乗り越えていける、自分の感情をコントロールできるなど、**自己肯定感や自己効力感**の高さを測定する項目です。

この4つの項目が高い状態をまとめると、「心身の健康度」が高い人たちは、

自分の責任や役割分担がはっきりわかっていて、仕事に意義ややりがいを感じている。プライベートでの心配事が少なく、揺るぎない自信を持っている。もちろん、心身ともに健康である。

――このような傾向が強いということになります。

心身の健康度が「高い集団」と「低い集団」の比較

社会的な健康度

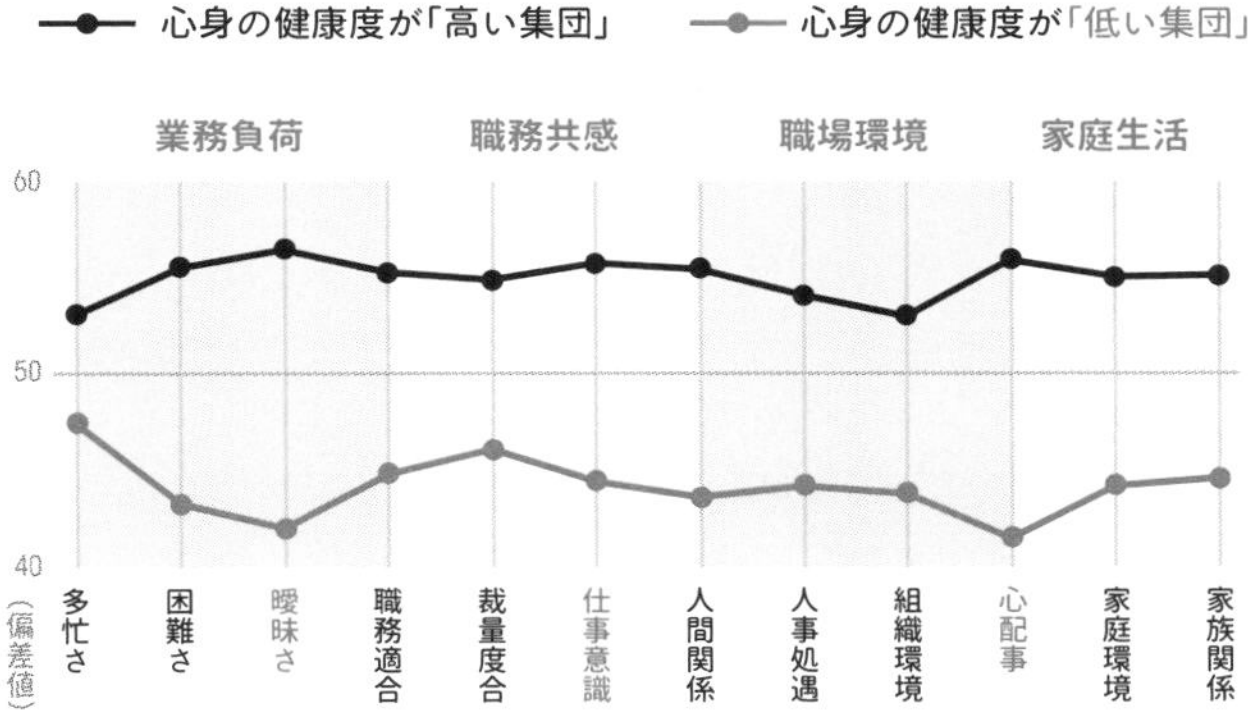

生活の健康度

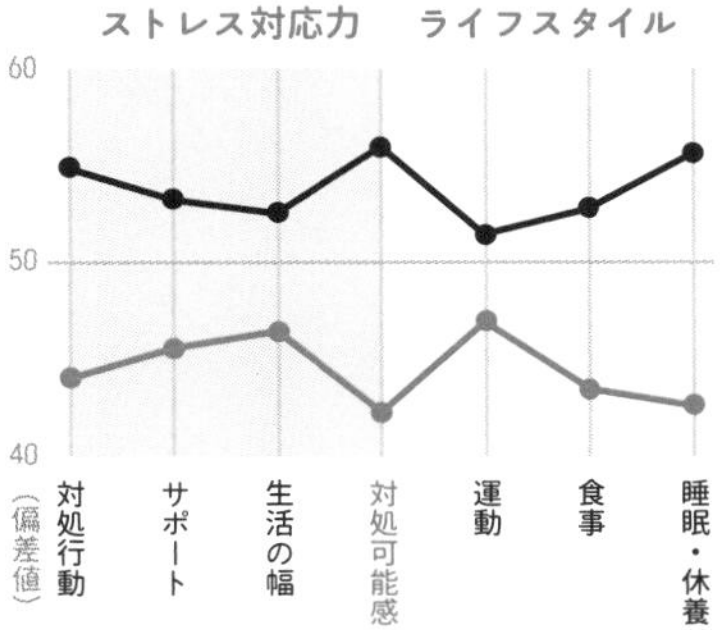

「2019年 Self スタンダード集計結果」から抽出

※偏差値が高いほど良好な状態であることを示しています。偏差値50が平均値です。

幸せには、健康という要素も欠かせない

ストレスチェックの個人結果を使った個人面談をする機会も多いのですが、確かに、全体の健康度が高い人は、**穏やかで謙虚、それでいて揺るぎない自信をもち、人間関係も良好。意欲的に仕事に臨み社会や会社の役に立てているという実感をもっている。さらには生活習慣が良好で心身ともに健康。**そんな共通項があると感じています。

これこそが、メンタルヘルスの現場で多くの人を見てきてたどり着いた、**「幸せに働いている人、幸福度が高い人」の特徴**です。

セリグマンが提唱した「PERMA」には、「健康」が含まれていません。そもそも「ウェルビーイング」は〝心も体も社会的にも満たされた状態〟という意味ですから、健康であることは幸せにとっては欠かせない要素です。Healthy のHを追加したいぐらいです。

そのような幸せな人が増えれば、チームは伸びていきます。しかし、チームが幸せでなければ、メンバーの幸福度は下がります。チームの幸福度を高めれば、メンバーの幸福度も高まっていきます。

そのためにも、ストレスチェックの「集団分析」を活用してください。同じ質問票を使っているのに、会社やチームの「集団分析」は見事なまでにそれぞれに異なった結果になります。そこにそのチームの個性が表れるのです。良好な点は良い特徴、数値が低めのところは課題点とみなします。「集団分析」を読み解き、良好な点はさらに伸ばし、課題点を改善する方法を考えて実践する――これが基本的な活用方法。健康診断結果の活用と同様です。

まずはあなたのチームの結果を読み解き、特徴をつかみましょう。

幸せなチームへの道 04

人は、環境に左右される生き物。チームが幸せなら、メンバーも幸せになる

1－8

ストレスチェックでわかった！幸せなチームの5つの法則

5つの要素を高めるとチームは幸せになる

幸福度が高い人の特徴を述べてきました。では、幸福度の高いチームにはどんな特徴があるのでしょう。ポジティブ心理学、幸福学、メンタルヘルスなどの理論、ストレスチェック結果、私自身の臨床経験から、以下の5つの法則があると導き出しました。

第1の法則　仕事の負荷がいいあんばい
第2の法則　自由度が高い
第3の法則　仕事の充実度が高い
第4の法則　認め合う文化がある

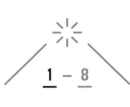

第5の法則　チームワークが良い

これら「5つの法則」は、職場の健康だけでなく生産性向上にも欠かせない要素です。「幸せファースト」を念頭に置き、チームメンバーの幸福度を高めることで強化されていくものばかりです。

第1の法則　仕事の負荷がいいあんばい

仕事の量、質、感情への負荷が適度であるということ。負荷が高くエネルギーを使い続ければ、うつ病などのメンタル疾患を発症しやすくなります。かといって負荷が少なすぎると仕事への意欲が高まらないもの。負荷がちょうどいいあんばいになるよう工夫を重ねることが、健康に意欲的に働く秘訣です。

第2の法則　自由度が高い

労働者のストレスをみるモデルのひとつに、スウェーデンの心理学者、ロバート・カラセックが提唱した「仕事の要求度—コントロールモデル」というものがあります。仕事量、時間など、仕事に関するストレス＝「仕事の要求度」と、自律性や裁量度など個人がコントロールできる要素＝「仕事のコントロール」という2軸を組み合わせ、労働者の状態を以下のように4つに分けます。

- **要求度とコントロールが両方とも低い（受け身無気力型）**
- **要求度が高くコントロールが低い（高ストレス型）**
- **要求度が低くコントロールが高い（安定型）**
- **要求度もコントロールも高い（いきいき型）**

コントロールが高いと、安定した状態やい

仕事の要求度—コントロールモデル

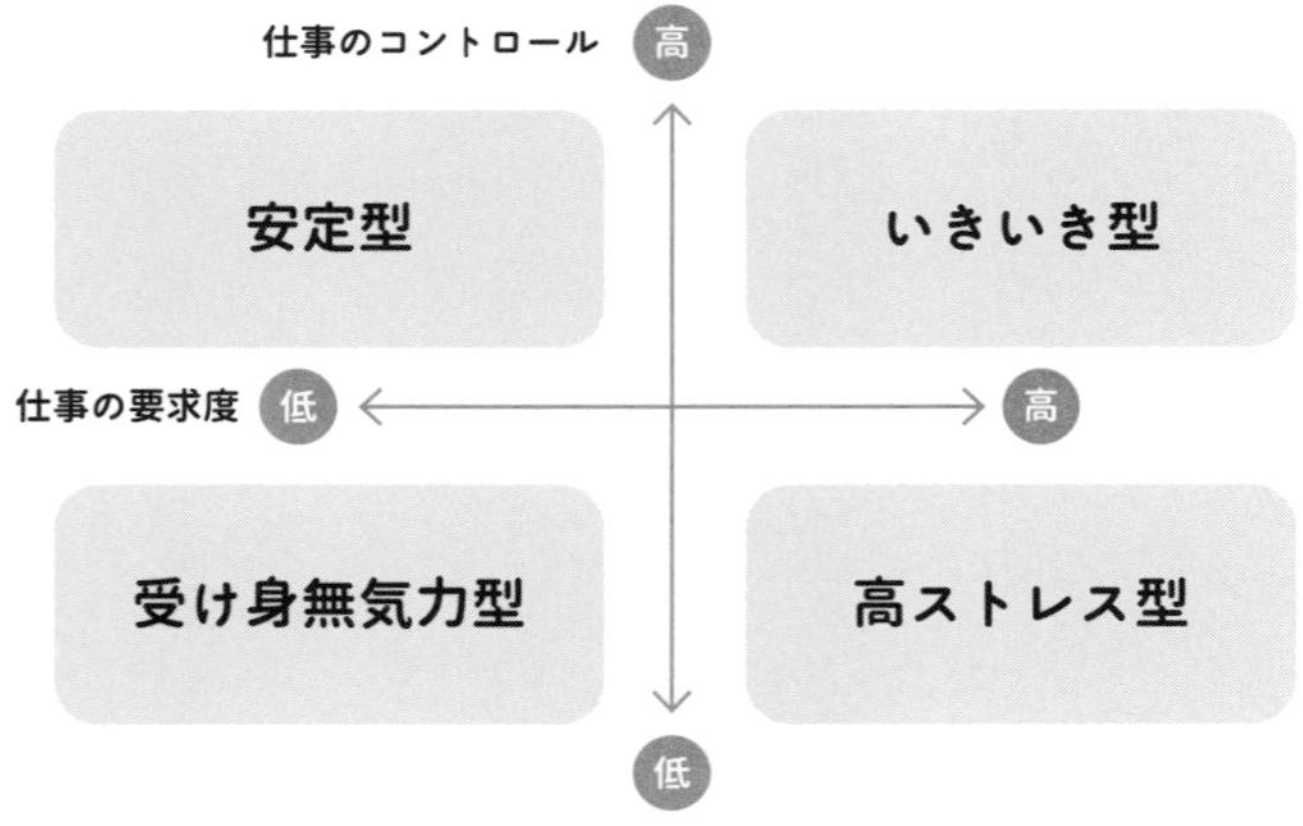

きいきした状態で仕事に臨めるということを示しています。

コントロールが高いというのは、個人の自律性や裁量度が高い状態。つまりは、「自由度が高い」というふうに言い換えられます。私が考える自由度とは、**意見を言える自由、裁量が高い自由、感情を出せる自由**です。この3つの自由が揃っていると、自律性が高まり、メンバー個々が自分の持ち味や能力を発揮し、いきいき働くことができます。

第3の法則　仕事の充実度が高い

ストレスチェック「Self」には、次のような質問があります。

- **意欲をもって仕事ができる**
- **仕事に意義・やりがいを感じる**
- **積極的に仕事に関わっている**

これらの質問から、「仕事意識」＝やりがいや意欲を測定しています。「職業性ストレス簡易調査票」には、「働きがいのある仕事だ」という同義の質問があります。

チームメンバーが仕事に対して充実感をもっていることは、幸せなチームには欠かせない要素です。仕事に熱意を感じ、没頭し、活力みなぎる状態＝「ワーク・エンゲイジメント」が高く、やりがいを大いに感じられているのは、とても幸せなことです。

第４の法則　認め合う文化がある

多様性の時代です。国籍はもちろんのこと、勤務形態、育児中の人、介護中の人、働く時間に働く場所。さまざまな立場、さまざまな価値観を認め合い、受け入れあい、支え合わなければ、組織は成り立ちません。

私がカウンセリングの場で受ける相談の９割は職場の人間関係です。たくさんの悩みを聴いてきてよくわかるのは、人間関係の悩みやトラブルの原因は、「違い」であるということ。十人十色ですから「違い」があって当たり前なのに、その「違い」を受け入れられないから、人間はストレスを感じ悩むのです。

幸せなチームは互いの「違い」を認識し認め、受け入れ、それぞれの良さを活かしあっています。

第5の法則　チームワークが良い

職場におけるチームワークは、それぞれが強みを発揮し、ひとつのビジョン・目標に向かって同じ方向を向いて業務を進めていくことです。そのためには、

- **明確なビジョン・目標があること**
- **全員がそのビジョン・目標を理解していること**
- **全員が自分の役割をわかっていること**
- **信頼関係があること**

これらの条件が揃っていることが重要です。ワクワクできるビジョン・目標に向かって全員がベクトルを合わせて進んでいくことで、チームワークが発揮できるのです。

これら5つの要素を高める施策を実践することで、メンバーの幸福度が高まり、チームの幸福度が高まります。幸せなチームは、いきいきワクワク働き、助け合いながら円滑に仕事を進めています。これまで、仕事に「幸せ」という概念を持ち込まなかった人も多いと思いますが、ここまでお話ししてきたように、幸せだからこそ、チームは伸びるのです。

「このチームのメンバーでよかった！」とメンバーが思ってくれるチームを作っていきましょう。

第2章からは、ストレスチェックの「集団分析」を活用して、それぞれの要素を高める具体策をお伝えしていきます。

もちろん、ストレスチェックを受けていなくても大丈夫。チームの課題だと思われることと、強化したいことを思い浮かべながら、読み進めてください。

1章

幸せだから、
欲しいものを手にできる。
欲しいものを手にするから
幸せになるのではない

「幸せ」とは、心、体、社会的に
すべて良好な状態であること。
健康でポジティブに
意欲的に人生を歩めていること

幸せなチームを作るのに
ストレスチェックが役立つ。
メンバーのさまざまな側面が見える
結果を活用しない手はない

幸せなチームには
5つの法則がある。
これからは、
仕事に「幸せ」を持ち込むべし

COLUMN

幸せなチームのためのコラム／1

「ハピネス日記」で幸福度を高めよう！

チームを幸せにするために、まずはリーダーであるあなたが、幸福度を高めてください。そのためのトレーニングが、「ハピネス日記」です。

幸福度が低めの人は、ものごとをネガティブにとらえるクセがあります。例えば雨の日。幸福度の高い人は「久しぶりの雨。恵みの雨だ」ととらえますが、幸福度が低めの人は「ああ、ゆううつだ。服が濡れる。傘を持っていくのが面倒」ととらえがち。ものごとをネガティブに見るクセがついているのです。まるで世の中を、ネガティブメガネで見ているようです。

「ハピネス日記」で、そのメガネをかけかえることができます。

「ハピネス日記」は、一日の終わりにつける日記。**よかったこと、楽しかったこと、嬉し**

かったこと、ラッキーだったこと、普通にしたことなどを箇条書きで書いていきます。ネガティブなことや反省などはいっさい書かず、プラスのことのみを書きます。例えば、「おいしい定食屋を見つけた。魚定食が抜群においしかった」「予定通り業務を終えることができた。頑張った！」「部長に企画を承認してもらった。やったぞ！」というふうに、なんでもいいので、思いつく限り書きます。いわば、自分をほめる日記です。

見方を変えてみると人生にはいいことが意外とたくさんあるものです。そんなとらえ方ができるようになっていくのが、この「ハピネス日記」によるトレーニングです。ポジティブな面を見つけられるようになっていくと、周囲への感謝の念、楽観性、そして幸福度が高まります。ポジティブを見つけるメガネは、人生で大切なものをたくさん、クリアに見せてくれるのです。

日記をつけることによって自分のいいところを認められるようになり、自己肯定感が高まっていきます。そうして心の体質が改善されていくと、言動に変化が表れます。表情や発する言葉、行動がポジティブになるのです。当然、周囲もそれに気づき、以前とは関係性も変化していきます。

人間関係は鏡のようなもの。人は、相手という鏡に自分を映し出して見ているのです。**自分のことを肯定できない人は、人を肯定できません。人の嫌なところは、実は自分の中の嫌なところです。**

他者を肯定し、いい関係を築くこと。ポジティブにものごとを捉え、気持ちを穏やかに保つこと。きっとうまくいくと信じ、チャレンジすること。すべて、自分自身を肯定することが出発点になります。**人にほめられるのを待つのではなく、自分をどんどんほめてしまいましょう。**

さあ、今夜からぜひ、始めてください。脳を活性化させるためにも、手書きすることをお勧めします。ノートとペンを用意するだけですから、お金もかかりません。

はじめは書くのに時間がかかるかもしれませんが、慣れてしまえば数分で書けるようになります。書くボリュームも増えていきます。そうなるとだんだん、書くこと自体が楽しくなっていきます。

2章

幸せなチーム・第1の法則
仕事の負荷がいいあんばい

2－1

仕事の負荷は高すぎても低すぎても×

長時間労働の原因、仕事の量・質を見直す

働き方改革が進み、日本人の総労働時間は減少しつつあります。それでも、残業がまだあたりまえの職場は少なくありません。長時間労働がメンタル不調の大きな要因になっていることは、いまだ日本の課題です。

仕事の負荷には、長時間労働の要因である量的負荷と質的負荷があります。ストレスチェックにはその程度を測定する項目が含まれています。**「Self」では「多忙さ」、「困難さ」という項目で、「職業性ストレス簡易調査票」では「仕事の負担（量）」「仕事の負担（質）」**であらわされます。「集団分析」で仕事の量、質を示す値が課題だった場合、すぐに改善に

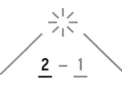

取り組んでください。

とはいえ、ただやみくもに負荷を減らせばいいということでもありません。

「ヤーキーズ・ドットソンの法則」という、ストレスと生産性の関係を表した図があります。この法則によれば、ストレスが高いときは疲弊するので生産性が下がるのですが、実はストレスが低いときも、生産性が上がらないことがわかります。

ストレスとは刺激のこと。人間関係や仕事がうまくいかないといった悩みだけでなく、出世や結婚など喜ばしいできごとも刺激であり、ストレスです。ストレスは必ずしも悪いものではなく、この図が示すように、**適度な**

ヤーキーズ・ドットソンの法則

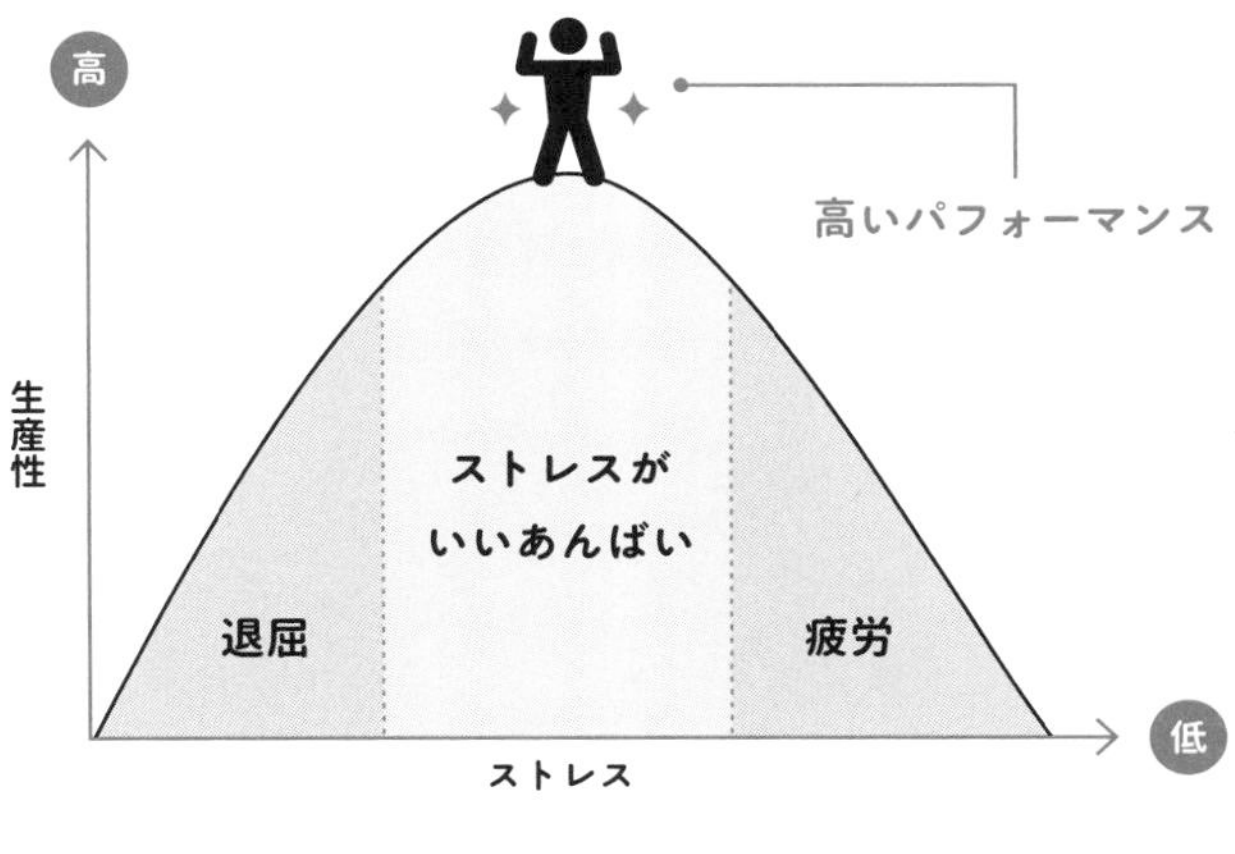

ストレスがあるとき、最もパフォーマンスが上がるのです。ある程度のストレスが人には必要ということになります。

仕事においても、負荷が高すぎればストレスが高まり疲弊して生産性が下がりますが、低すぎても意欲が高まらずいきいき活動できません。ですから、仕事の負荷は適度＝「いいあんばい」に調整することが、リーダーには求められます。

仕事量は過度な残業をしなくても終わるものであること。チャレンジングでありながらも度を越した難易度のものを求めないことが大切です。

最近は、人と接する際に生じる感情的負荷も増えてきています。接客業、営業職、医療・福祉分野の対人援助職などは、感情的な負荷によって疲弊し、バーンアウトしやすい職業です。そのような職場のリーダーは、量と質だけでなく感情的な負荷が過剰にかかっていないかどうかについてもチェックをすることが大切です。

セルフモニタリングでストレスコントロール上手に

負荷がいいあんばいかどうかは、まずリーダーであるあなた自身が自分で体感をしてください。「ヤーキーズ・ドットソンの法則」での生産性が高い状態を、ストレスがいいあんばいと見なします。自分がどのあたりにいるかは、自分をモニタリングすること＝**セルフモニタリング**で確認できます。

心と体の調子に意識を向けてみてください。絶好調のときを10点、最悪のときを0点とします。今の点数は何点か？を考えてみてください。8～10点なら、いいあんばい。ストレスがちょうどいい具合に保たれ、パフォーマンスが上がりやすい状態です。

5点以下など、点数が低いときは疲れているということですから、ストレスが高めということになります。P57の図の右側に寄っている状態です。ストレスレベルを真ん中まで戻すために、たっぷり寝る、仕事の負荷を下げるなど疲れを取るようにしましょう。

この点数付けを毎日一定の時間に行うことで、自分のストレス状況の変化が把握できます。自分のアベレージもわかるようになり、ストレスに敏感になれます。**体重コントロール同様、ストレスコントロールは、自分のストレスを把握することから始まります。**点数が下がれば疲れを取る、ストレス解消をする。点数が高めで体は元気な場合はストレスが足りない退屈な状態である可能性があるので、少し高めの目標を設定するなどして、自分にストレスをかけます。そんなふうにコントロールできるようになると、常にいきいきと活動できるようになります。

チームメンバーのストレス状態を把握するには、メンバーにも点数付けを習慣にしてもらい、朝礼の際に発表してもらうのもいいでしょう。点数が低めの人は疲れていますから、ストレスを抱え込んでいる可能性があります。困っていることはないか、行き詰っていないかなど、早めに話を聴いてサポートしてください。メンバー全員で行うことで、互いの状況を把握し合えるため、メンバー間での助け合いもしやすくなります。テレワークで健康状態を把握しにくい職場では、とくに有効な手段です。

2-2

「仕事の量」調整にはムダをとことん排除する

家計簿方式でムダをあぶりだす

多忙さ、仕事量を減らすには、徹底してムダを排除することが欠かせません。コロナ禍でハンコ文化や出勤など、あたりまえだったものが必ずしも必要ではないとわかったように、あなたのチームにも不要なものがあるはずです。それを見つけるには、可視化して検証することがいちばんです。

家計簿をつけて振り返りをすることによって、ムダな出費は何か、予算内でどうやりくりするかを検証し、出費を抑えることができますが、仕事にも同様の方法が効きます。一日を振り返り、何にどれくらい時間を費やしたのかを記録して可視化し、ムダがどこにあるのかを検証するのです。

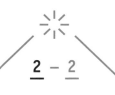

メンバーは終業時に、バーチカル式のスケジュール帳などに一日の作業記録をつけます。何に時間がかかったのか、ムダだったと思えるところはあるかなどのコメントも入れます。リーダーは定期的にそれをチェックし、メンバーが気づいていないムダを見つけます。そして、不要と思われることは思いきってやめるように指導します。

一日の作業の記録をつけている人は少なくありませんが、ムダの排除につながっていないのは、つけるだけで終わってしまっているから。記録は分析するためにつけるものであり、書いて終わりでは意味がありません。メンバーと一緒に分析作業を行いましょう。

一日に何度もメールをチェックしたり（見る時間を決めないとメールに時間を奪われます）、パソコンを打ちながら企画を考えたり（考える作業は断然、紙の上で行ったほうが効率的です）など、ムダな作業に時間を取られていませんか？　そういった非効率な作業を行っているのであれば、見直すべきです。

また、「出勤」というものがそうだったように、長年の慣習はあたりまえすぎて、ムダかどうかという意識にすら上らないこともあります。同じ環境にずっといると、なかなかそこには気づけないもの。それを見つめ直すには、中途入社してきた人や新入社員など、会社の文化に染まりきっていない人の視点を活かしましょう。

業務を書き出してムダをチェック

SCHEDULE

8	
9	メール、社内資料チェック
10	C社提案資料作成
11	
12	ランチ
13	会議
14	メールチェック
	移動
15	A社と商談
	移動・帰社
16	メールチェック
	B社と商談（オンライン）
17	メールチェック
	C社提案資料作成
18	メールチェック・Dさんと打ち合わせ
	報告書作成
19	退社
20	
21	

TODO LIST

- [ ] C社提案資料
- [ ] B社と商談
- [ ] E社への提案を考える
- [ ]
- [ ]
- [ ]
- [ ]

MEMO

［今日のふりかえり］

・C社提案資料を午前中に終わらせるつもりだったが、終わらなかった。夕方、再度手をつけるも終わらず、どうしても資料作成に時間がかかってしまう。

・B社は好感触！

・18時退社を目指していたが、19時になってしまった。

［船見からのコメント］

・B社は好感触だったのですね！お疲れ様でした。引き続きよろしくお願いします。

・資料作成は、紙を使って頭の中を整理してから行うとスムーズにいきますよ！
来週、その方法についてお話しますね。

・メールに振り回されないためにも、チェックする回数を減らすといいかもしれません。

「ムダだと思う作業や、変更したほうが効率的になると思うことがあったら、いつでも言ってほしい」と言っておくのです。「郷に入れば郷に従え」「中途なのに意見を言うなんて生意気だ」と言う人もいますが、フレッシュな感性や意見を取り入れない文化であるがゆえに、古い固定観念に縛られ疲弊している組織を多数見てきています。

多様性の時代、さまざまな意見を取り入れることが、時代に即した快適な職場づくりにつながります。

心理的ブロックが隠れていることも

「仕事が属人化している」とか、「自分ばかり負担を負っている」「誰も助けてくれない」という叫びもカウンセリングには寄せられます。

そういう人の中には、**仕事を手渡すことで自分のポジションや評価を保てなくなるという不安を無意識に抱えている人も少なくありません**。自信がないのです。だから無意識に、仕事を抱え込んでしまい、大変な状況でも十分にＳＯＳを出せないということが起こります。

まずはあなた自身にそういう思いがないかどうか、自分を見つめ直しましょう。仕事をメンバーに渡しても、あなたのポジションは変わりません。そもそもリーダーの仕事は、快適な職場を作り、メンバーを育てることです。

チームメンバーの中にその傾向が見られる人がいる場合は、貢献を承認し、自信を高めるようなかかわりをしていきましょう。

また、人に迷惑をかけてはいけないという思いが強い人も、仕事を抱え込んでしまう傾向があります。そういう人に対しては、人に頼ることは迷惑をかけることではないと伝え、気持ちを楽にするサポートをしてあげてください。

2-3

締め切り時間、集中タイムで残業ゼロに

毎日、締め切り時間を設ける

長時間労働の改善には、時間管理の徹底が欠かせません。

今から15年ほど前、残業ゼロに取り組み、実現したあるメーカーの取材をしました。毎日18時になるとオフィスの照明を消すという取り組みをいち早く導入した企業です。集中して仕事に取り組むため、14時からの2時間は「電話はかけない・出ない、おしゃべり厳禁」というルールも決め、取引先にもそのことを理解してもらうよう働きかけました。

社員に話を聴いたところ、はじめは戸惑ったものの、やっているうちに自然と18時までに仕事を終わらせる段取りを考えるようになり、結果として残業という概念がなくなったそうです。会社としても社員の残業はゼロになり、そのうえ増収増益が続くという嬉しい

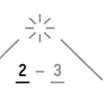

結果につながりました。

「締め切りは設定していますが、予定通り終わりません」という声をよく耳にします。しかし、締め切りの感覚が甘くはないでしょうか。また、毎日、退社時間を決めて仕事しているでしょうか。仕事量が多いから無理だという諦めはないでしょうか。

育児中で短時間勤務をしている人は、非常に効率よく仕事しています。お迎えに行かなければいけない＝毎日締め切りがあるのですから、限られた時間の中で集中して効率よく作業しています。ダラダラと毎日残業するのが常態化しているのであれば、まずは退社時間を朝の時点で決め、絶対に守るようにすることも重要でしょう。**終わらなくても帰る、といったふうに強制終了しない限り、長年の残業癖は抜けません。**

自分たちの仕事は予定通りにはいかないものだとか、残業になってしまうのはしかたがないという思いがあるならば、まずは意識改革から着手する必要があります。

取材で出会ったある大企業の社長は、部長になった頃からいっさい残業をしないことを貫いていました。**優先順位をつけない**、というポリシーでそれを実現していたのです。一般的には、残業しないために優先順位をつけることが大切だと言われていますが、全く逆との発想です。仕事は来た順番にこなす。優先順位を考える時間こそがムダだ考えているとのことでした。どんなに重要な案件が来ようと、社員の子供の誕生日を祝うカードを書く作業を行う。そんな仕事ぶりで、ワークライフバランスを保ち、幸せに働いている人でした。

割り込み仕事には引き受けルールを決める

割り込み仕事に忙殺され、予定通りに仕事が進まない、残業になってしまうという人も多いです。事務系の仕事をしている女性は、終業時間ギリギリに営業から「明日、お客さんに出す資料をすぐ作って！」と頼まれることが多いとストレスをためこんでいました。顧客に迷惑をかけてはいけないからと、営業に言われた通りにしぶしぶ仕事を引き受けていたそうです。

疲弊で体調を崩してカウンセリングに来た彼女に私は、引き受けルールを決めるよう提案しました。自分の中にルールがなく、営業に振り回されているからストレスを感じるのであって、自分のルールに従えばストレスをためこまなくなります。

彼女はその後、15時までに依頼された場合は受けるけれど、それ以降なら受けないと決め、営業にも伝えました。営業もそれまでの無理強いを反省し、余裕を持って依頼をすると約束してくれたそうです。

割り込み仕事に振り回されないためには、自分の引き受けルールを決めること。さらに、今、それを処理する必要があるのかどうかを考えることが大事です。

チーム全体で割り込み仕事が多い場合は、依頼をしてくる他部署や顧客との関係性、連携の仕方を見直すことも必要かもしれません。その場合は、リーダーとして他部署、顧客のリーダーと話をして調整しましょう。「お客さまの依頼は断れない」と考える人は少なくありませんが、メンバーを護るために、無理な要望には毅然とした態度でＮＯと言うことも、ときには必要です。

また、割り込み仕事に備え、一日のスケジュールを組み立てる際に余白の時間を設定しておくことも大切です。何事も予定通りにはいかないもの。そんなときに、余白の時間が自分を助けてくれます。

今後、人手不足はますます深刻化します。限られた人数で仕事をこなすためには、時間管理のスキルは欠かせません。リーダーであるあなたから、まずは意識を変え、時間管理を徹底してください。

2-4

仕事の難しさ改善にはプレッシャーをかけすぎず、想像力を鍛える

難しいのにやりがいを感じない。ならばすぐに改善を

仕事の「困難さ」（質的負荷）も、「仕事量」同様にいいあんばいに保つことが大切。能力をはるかに超えた業務なら大きなストレスになります。逆に、簡単すぎる仕事ではモチベーションが上がりません。ストレスチェックでこの項目が高すぎたり低すぎる場合は、改善を検討しましょう。

仕事そのものだけでなく、上からのプレッシャーがきついと、困難だと感じやすくなります。職場のプレッシャーは上から下に流れていきます。社長が厳しく部下にプレッシャーをかけていると、それがどんどん下に流れていき、若手がのびのびと力を発揮でき

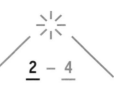

なくなります。メンタル不調者が次々に出るようにもなります。そのような職場は、まずはトップの意識改革が必要です。

あなた自身はいかがでしょうか。必要以上にメンバーにプレッシャーをかけていないか自問し、皆が委縮せずにのびのび仕事できる環境を整えてください。

「困難さ」「仕事の負担（質）」の値が低すぎる（難しすぎる）場合ですが、必ずしも改善が必要とは言いきれません。研究職などは、難度が高いことが多いのですが、同時に「仕事意識」「働きがい」の値も高いことも多いもの。難しいけれどそれがやりがいにつながっているというケースです。ストレス反応も少なめで健康に仕事しているのであれば、「困難さ」の改善は必要ないでしょう。

しかし、「仕事意識」「働きがい」が低い場合は、仕事が難しいことがストレスになっている可能性があります。能力を大きく超えた要求をしていないか、無理をさせていないかといったことを見直しましょう。

困難を感じやすい人は固まった視点をほぐす

どの程度で困難だと感じるかはメンバーそれぞれに異なりますから、その人のレベルを把握して調整することが重要ですが、リーダーが苦労するのは、些細なことも困難に感じやすいメンバーをどう育てるかでしょう。

そもそも難度が高いと感じやすい人は、自主的に考える、動くことが苦手なもの。想像力・創造力がまだ十分に養われていないとも言えます。

彼らに想像力を伸ばしてもらうには、自分の頭で考える機会を与えることが大切です。リーダーは答えを教えてはいけません。「あなたはどう思う?」、「そのやり方だとどうなるだろう?」といったふうに、**自分、他者、未来などさまざまな目線で考える質問を投げかけて、彼らの固まった視点をほぐしてあげましょう。**

さらには、仕事を難しいと感じているメンバーには、難しい仕事にチャレンジする楽しさを感じてもらうことも重要。人はほんの少しでも「できた!」と思えると、意欲が高まるもの。子供の頃にできなかったことができるようになったあの喜びを感じてもらうのです。それには、ほんの少しでもできたこと、できるようになったことを承認することが効果的です。プロセスをよく観察して、1ミリでも成長した、できるようになったと思うことがあれば、すかさず「ここはよくできているよ!」とほめましょう。

仕事が属人化し、特定の人に難度の高い仕事が集中していることもあります。「技術に差があるのでしかたがない」という理由を聞きますが、そのままの状態でいいわけがありません。ストレスの緩和や今後の人手不足に備えるためにも、時間を割いてマニュアル作り、勉強会を開くなどして、属人化の解消を図りましょう。

集中を要する仕事も、仕事の難度を高めます。人が集中できる時間は90分が限界だと言われています。根を詰めて作業をすると効率が下がりますから、仕事中は1時間につき5分程度リフレッシュの時間を取ることをメンバーに促しましょう。

幸せなチームへの道 05

ほんの少しでもできたことはすかさずほめる。できた！　喜びが成長への意欲を呼ぶ

2－5

ときには高い目標を与えることで大きな成長を促す

「対処可能感」を高めることも難度改善に有効

「困難さ」「仕事の質」は高すぎても低すぎてもよくないと述べました。しかし、無難な仕事ばかりでは大きな成長は見込めません。

「困難さ」を感じにくくなるのに、実は個人の「自己効力感」も大きく関与しています。「Self」では「対処可能感」と呼んでいますが、自分は困難を乗り越えられる、できるといった自信のことです。この自信が低いと、ほんの少し難しい仕事に対して、「難しすぎる」「大変だ」と感じやすいのです。

「Self」の「集団分析」で「対処可能感」が低い場合、自信が持てず、仕事に積極的にチャレンジできないメンバーが多いことが想定されます。

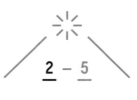

「対処可能感」を高めるには、成功体験を積むことが効果的。一般的には、小さな目標を設定し、一段ずつ階段を昇るようにクリアしていくことが理想的だと言われています。しかし、**ときには高い目標を与えることも、人が大きく成長し、「対処可能感」をグッと高めるのに役立ちます**。

私が引きこもりの就職支援団体でカウンセリングをしていたときのことです。その団体では、毎日、9時から17時まで事務所に出勤をして疑似会社生活を送るというトレーニングをしていました。長年、家に引きこもっていた人たちが外に出るだけでも大変なことです。本気で変わりたいと意を決して参加してくれた面々は、毎日、本当に必死に頑張っていました。

そんな生活に慣れてきたころ、〝社長〟が彼らにあるミッションを課したのです。それはなんと、丸の内の上場企業に飛び込み営業をする、というもの。「自分たちは長年引きこもっていたけれど、今、社会に出ようと頑張っている。何か自分たちで力になれることはないでしょうか?」と、自分たちを売り込む営業をしてくるというミッションです。これには私も面喰いました。

そして飛び込み営業決行当日。彼らは、ふたり一組になり、頑張って飛び込み営業をしたのです。

案の定、ほとんど門前払いです。上場企業にアポイントも取らずに、引きこもりたちが営業をかけるのです。受け付けてくれるはずもありません。あまりのハードなミッションに、体調を崩す人もいました。それでも社長は、ミッションを続けさせました。

引きこもりが起こした奇跡に学ぶこと

誰もがもう無理だと思い始めたころ、奇跡は起きました。日本を代表する超大手企業が、なんと、彼らの話を聴く席を設けてくれたのです。社会のさまざまな課題解決に取り組むその企業は、ニート、引きこもりが増えている状況を解決する道を探っており、話を聴いてくれることになったといいます。

結果的には具体的な仕事には結びつかなかったのですが、それでも、あの大手企業が自分たちの声に耳を傾けてくれた、飛び込み営業が成功したという喜びで、彼らはそれまでとは全く違う、極上の笑顔を見せてくれました。あのときの感動は忘れません。

「対処可能感」が高まった彼らは、その後、無事に社会人となりました。

この例のように、ときに無謀とも思える高いハードルにチャレンジすることで、人は大きく成長できます。「今の若手は打たれ弱いから」と決めつけて、低いハードルしか与えないでいるとしたら、それはとてももったいないこと。もっと人の可能性を信じましょう。

もちろん、高いハードルを提示するには、タイミングが肝心。だいぶ成長してきたなと思う時期、なおかつ健康状態が良好なときを選ばなければいけません。そして、フォローはしっかりすること。ハードルを与えっぱなしでフォローしないと、ポキッと折れるばかりか、体調を崩す可能性もあります。

そして、結果が思うようなものでなかったとしても、プロセスをしっかりと承認すること。**「自分は今までにないほど頑張った」という成功体験が、「対処可能感」をおおいに高めます。**

幸せなチームへの道 **06**

ときに無謀な目標を若手に与えてみる。今の若手は弱いのではない。経験を重ねていないだけ

2－6

感情への負荷は言語化と共有でスッキリ

ショックを家に持ち帰らせない

感情労働という言葉があります。顧客と接する業務の中で、心理的にポジティブな働きかけをすることを求められる労働のこと。自らの感情を使い、相手の感情に働きかける仕事です。医療や福祉、教育関連など対人援助職と呼ばれる職業、営業職、サービス業、官公庁、コールセンターなど、常に相手の感情を汲み取りつつ、自分の感情をコントロールすることが必要な職業がこれに該当します。感情を駆使するわけですから、非常にストレス度の高い仕事であり、バーンアウト（燃え尽き症候群）しやすいと言われています。

日ごろからストレスをため込まないようにしておくことが大事なのですが、とくに注意

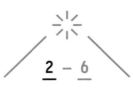

したいのは顧客からひどいクレームを受けた、事故に関わったなど、大きなショックを受ける体験をした場合。のちにＰＴＳＤ（心的外傷後ストレス障害）などを発症してしまう可能性もあるので、ショックを受けた時点できちんと感情の処理をすることが大切です。

何の対応もしないということは、ケガをして血が出ているのに、止血もせず家に帰すようなもの。その日のうちに心の応急処置をして、ショックをそのまま家に持ち帰らせないようにしてください。

メンバーがショックを受ける体験をした場合、必ずすぐにフォローするようにしましょう。社内にカウンセラーがいる場合は、カウンセラーにケアをしてもらうことも有効です。カウンセラーがいないなら、リーダーもしくはメンバーが話を聴くようにします。

どんな状況だったのかを時系列で聴いていきつつ、辛い、苦しいなどのマイナス感情を言語化し吐き出してもらいます。

言語化することで気持ちが整理され、それを吐き出すことで気持ちが浄化される効果があります。

聴く側は、アドバイスしたりせずただただ聴き、感情を肯定しつつ「よく耐えたね。辛かったね」など共感の言葉がけをします。受け止めてもらえることで安心感が生まれます。

互いにフォローし合って感情を浄化する

とあるコールセンターを訪れたときのエピソードです。コールセンターは心ないクレームを受けることも多く、離職率が高いと言われています。しかし私が訪問した企業は、非常に離職率が低い職場でした。その理由を知りたくて社員に話を聴きました。すると

「クレームを受けたらすぐにまわりの人がフォローしてくれます」
「困っている人がいたら誰かが声をかけていますね」

など、感情に大きな負荷がかかったときに互いにすぐさまフォローし合っているという状況が見えてきました。

「仕事は大変だけれど、みんなに会えるから会社に来るのが楽しいんです」

と答えてくれた人もいます。

このように、感情労働の人たちが日ごろからストレスをためこまないためには、メンバー同士で大変さの共有をすることも大事です。「この仕事は感情面での負荷が大きいから、ひとりで抱え込まないようにすること。大変なことは皆で共有して、フォローし合っていきましょう」と常日頃からメンバーに伝えるようにすることで、マイナス感情を抱え込むリスクが抑えられます。

2-7

負荷が高まると出やすいメンタル不調のイエローサインに早く気づく

「いつもと違う」を見逃さない

仕事の負荷が高いということは、ストレスが高まる可能性が高いということ。メンタル不調者が出やすい状況です。メンタル不調は、早めに気づいて早めに対応することが大事。管理監督者には「ラインケア」を行って職場の安全を守る「安全配慮義務」が課せられています。その遂行のためにも、メンタル不調のイエローサインを把握しておきましょう。

負荷が高い状態が続くと、ストレスが蓄積します。ストレスは自律神経の乱れを引き起こします。自律神経が乱れると、肩こり、胃の不快感などの不定愁訴が表れます。体の調子が崩れれば、心も不安定になります。体と心の調子が悪くなれば、いつも通りの行動が取

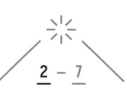

れなくなります。

ストレスは、心、体、行動の３つの側面に影響を及ぼすのです。まずは、ストレスの初期症状を確認してください。

イエローサインを見つけたら話を聴く

ストレスの初期症状が進行すると、次のような要注意の症状＝メンタルダウンのイエローサインが出ます。

1　遅刻、早退、欠勤が増える
2　仕事の能率が落ちる
3　思考力、判断力、集中力が落ちる
4、不注意によるミスや事故が目立つ
5　ほうれんそう（報告・連絡・相談）が滞る

ストレスの初期症状

体	胃の不快感、肩こり、体がだるい、疲れが取れない、寝つきが悪い、朝早く目が覚める、食欲がない、動悸、めまい、目が疲れる
心	集中できない、頭が回らない、やる気が出ない、ゆううつな気分、イライラする、自信喪失、何をしても楽しくない、自分を責める
行動	人に会いたくない、話すのがおっくう、言動が乱暴になる、素早く動けない、理由もなく涙が出る、表情が暗くなる、ミスをしてしまう

6　あいさつや会話が減る
7　感情が不安定になる
8　身だしなみが乱れる
9　眠そうにしていることが多い
10　好きなことに興味をもてなくなる
11　飲酒量が増える

このイエローサインは、うつ症状です。ストレスがかかり続けると脳機能が低下し、セロトニン、ノルアドレナリンなどの神経伝達物質が減少したり脳内をスムーズに流れなくなります。それがうつ病の原因。メンタル疾患は、脳機能障害なのです。よって、頭が働かなくなり、仕事の能率が低下します。

また、ストレスでエネルギーが低下するので、会社に行けなくなり、好きなことも楽しめなくなります。眠れなくなることも多く、仕事中に眠そうにしていることもあります。

「あれ、どうしたのだろう?」と、いつもと違う様子に気づいたら、放置したりせずすぐに声掛けをして話を聴きましょう。

ゆっくり話せる環境に場所を移し、20～30分時間を取ってじっくり聴きます。「最近、ミスが多いよね。心配しているんだ。困っていること、悩んでいることはない？」と、いつもと様子が違うこと、心配していることを伝えて話を切り出します。

相手が悩んでいると、ついついアドバイスしたり自分の失敗談を話して励まそうとしてしまいますが、ちょっと待ってください。メンタル不調に陥っているときは、エネルギーが落ちています。アドバイスや励ましはとてもしんどいので、控えましょう。問題が解決しさえすれば回復するというものではないのです。

ひとまずは、しんどさに共感しながら最後まで聴きます。併せて、眠れているか、食べられているかも確認します。眠れていない、食べられていない場合は、症状が進行している可能性があり、心配です。会社で決められたフローに従って、医療やカウンセリングなど専門家につなぐようにしてください。

同時に、仕事の負荷を調整することも忘れずに。たとえ仕事以外のストレスで不調気味になっていたとしても、体調を崩している以上ケアは必要です。本人の負荷が軽減するよう、調整してください。

2章

仕事の負荷は高すぎても
低すぎても×。
いいあんばいに保つ
工夫を怠らないこと

小さな成功を承認する。
仕事が「難しい」から
「楽しい」に変わる

感情は言語化して
共有する。
ショックが和らぎ
ストレスをためこまなくなる

ときには無謀とも思える
目標を与えてみる。
自信がグンと高まり、
大きく成長する

COLUMN

幸せなチームのためのコラム 2

筋肉ゆるゆる体操で、自律神経を整える

ストレス要因の多い現代人の疲れはほぼ、自律神経の疲れであるとも言われています。自律神経には、心身を活発に活動する状態に導く交感神経と、心身を休ませリラックスに導く副交感神経とがあります。ストレスがかかると、交感神経が優位に働きます。ストレス要因の多い現代は、交感神経が優位に働きやすい時代。さらに、本来ならリラックスする時間である夕方以降も活発に活動を続けたり、スマートフォンを見続ける現代人の生活では、自律神経のバランスが崩れるのも必然。

ストレスから身を護り、幸福に仕事をし続けるためには、気づかないうちに乱れた自律神経を、意識的に整える習慣をもつこと。現代人に必須のスキルです。

副交感神経の働きを高め、乱れた自律神経を整えるのに効果的なのは、ヨガ、深呼吸、マインドフルネスなどのリラクゼーション。ストレスで上昇した血圧、脈拍、心拍数、呼吸な

どを落ち着け、緊張した筋肉を緩めて、自律神経のバランスを整えてくれます。体の緊張がほどけると同時に、心もゆったりと落ち着くので、ストレス低減だけでなく感情のコントロールにも役立ちます。

さまざまなリラクゼーションがある中で、イチ押しは、「筋弛緩法」。私は親しみを込めて「筋肉ゆるゆる体操」と呼んでいます。

「筋弛緩法」は、アメリカの神経生理学者エドモンド・ジェイコブソン博士が１００年ほど前に考案したリラクゼーション法。ストレスで緊張した筋肉を緩めることで、副交感神経の働きを高め、精神的な緊張を緩めていく方法です。

カウンセリングはもちろんのこと、治療の一環として医療機関でも用いられており、その効果は折り紙付き。

筋肉を緩める、つまり体の力を抜くのは、意外と難しいもの。ですが、一度筋肉を緊張させてからふっと力を抜くと、簡単に筋肉が緩みます。

「筋肉ゆるゆる体操」では、体の部位を順番に緩めていき、全身をリラックスさせていきます。体がふわりと緩むと、気持ちの緊張も緩んでいきます。

【筋肉ゆるゆる体操のやり方】

1. 椅子に座った状態で行います。できるだけ楽な姿勢で座ります。

2. 両手をぎゅっと握ってこぶしを作ります。こぶしを硬く握ったら、腕全体に力を入れ緊張させます。全力ではなく、7割くらいの力で行います。そのまま10秒キープ。ふっと力を緩め、腕をだらんとさせます。

3. 次は顔。目をきゅっとつぶり、口を閉じて固く結びます。顔全体の筋肉を中央に寄せ集めるイメージで緊張させ、10秒キープ。ふわっと緩めます。

4. 両肩をすくめて上にグーッと持ち上げます。肩を耳に近づけて10秒キープ。力を緩め肩をストンと落とします。

5. おなかに力を入れてへこませ、10秒。ふーっと緩めます。

6. 両脚を伸ばし、足裏を床と並行にして脚の前側を10秒緊張させます。緩めたら次は、つま先を天井に向け、脚の裏側を10秒緊張させます。足を床につけて緩めます。

7. 最後は全身。握りこぶしを作り、脚を伸ばして、全身に力をギューッと入れます。10秒キープしたら息を吐きながら緩めます。さらに息をふーっと吐いて脱力し、20秒間、そ

の感覚を味わいます。力が抜けた心地いい状態をゆっくり感じ取ります。

リラクゼーション効果が高いので、一日の終わりにその日のストレスをリセットするために行うことをお勧めします。睡眠の質を高める効果もあるので、寝る前に行うといいでしょう。布団に入り、仰向けの状態で行うのもおススメです。

仕事中にリラックスするために行うのも有効ですが、その場合は必ず最後に「手を握って開く」、「首を回す」、「伸びをする」などの消去動作を行ってください。脱力している状態で急に立ち上がるとふらつく恐れがあります。

ストレスはため込まないことがとても大事。リラクゼーション習慣を持ち、その日のストレスはその日のうちに解消する。これをルーティンにすることで、ストレスをコントロールする力が高まります。

3章

幸せなチーム・第2の法則
自由度が高い

3-1

意見を言える自由、裁量が高い自由、感情を出せる自由

メンバーがのびのび働くための自由

幸せなチームは、メンバー皆が自分の持ち味を発揮してのびのび自由に仕事をしています。その背景として、自由度が高いという要素は欠かせません。

何をしてもいいということではなく、ルールにのっとった上で、各自が精神的に自由に動けるということ。具体的には、意見を言える自由、自分の裁量で動ける自由、そして感情を自由に出せる自由があるということです。

自分の裁量で動ける自由については、ストレスチェック「Self」では「裁量度合」という項目で測定できます。「職業性ストレス簡易調査票」では、「仕事のコントロール度」という

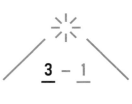

項目がそれに当たります。

意見を言える自由、感情を出せる自由は、「Self」では「人間関係」、「職業性ストレス簡易調査票」では「仕事のコントロール度」や「職場の対人関係」の結果から状況が推察できます。

意見を言えなければチームに参加している実感が得られません。自分の裁量で動けなければ、「やらされ感」が高まります。自然に湧き上がってくる感情を出せなければうまくいったときの喜びは半減し、ワクワク仕事をすることができなくなり、失敗したときの辛さをいつまでも引きずることになり、メンタル不調を招くことにもつながります。

ある金融機関のリーダーが、メンバー全員に集まってもらい、自由に意見を言ってもらう会を定期的に開いていました。複数のリーダーたちはメンバーの前に並んで座りますが、自分の意見はいっさい言わず、ただ聴くのみ。メンバーは何を言ってもいいという会です。

不平不満も出るし、相当辛辣な意見が出ることもあります。それでもリーダーたちは黙ってメンバーの話に耳を傾けます。そしてそれをしっかりと受け止め、チーム運営に反映させているとのことでした。

そのチームのストレスチェックの「集団分析」結果は、驚くほど良好でした。

「なんでも言ってもいいよとリーダーが言ったとしても、メンバーはそうそう言えるものではありません。ならば言える場を作るべきだ。そう考えました。この会をスタートしてから、日ごろの業務の中でも意見が出てくることが増えました」

リーダーはそう話してくれました。

あなたはメンバーに自由を与えているでしょうか。

3－2

心理的安全性を高めるには、まずはリーダーが弱みを見せる

デキる人ほど弱みをさらけ出すべし

メンバーの自由度を高めるには、心理的安全性が欠かせません。**心理的安全性とは、安心して意見を言え、なおかつ活発な議論ができる雰囲気があるということ。**何を言っても見下されたりしない、熱いバトルを繰り広げてもわだかまりを残さない。そんな雰囲気がなければ、自由度は高まりません。

仕事は完璧。周囲に気配りができ、話も面白い、非の打ちどころのない女性リーダーがいました。しかし彼女は、言うことを全く聞いてくれず、目標を立てても実践せず、いつも目標達成できないメンバーに悩んでいました。注意をすると逆ギレされることもあるとい

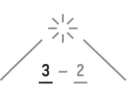

います。

男女にかかわらず、デキるリーダーにありがちなパターンです。自身は、強いからこそ、プレイヤーとして力を発揮してこられたのでしょう。しかしその強さゆえ、リーダーになってもなお弱みを全く見せず、自分の基準をメンバーに押しつけてしまいがちです。それではメンバーは劣等感を感じるだけ。

幸せなチームのリーダーたちは、弱みを認識して、恐れずにさらけ出しています。リーダーがそうして心を開いてくれるからこそ、メンバーも心を開いて相談してくれるようになり、さらには、「この人を助けなければ」と、リーダーのサポートをしてくれるようになるのです。そうした相互の心のふれあいが、チームとしてのまとまりを生みます。

弱さを表現することを避ける人は少なくありませんが、**自分の弱さを認め、さらけ出せることこそが、本当の強さです。**

弱みを見せられるようになるには、自分自身を理解している必要があります。自分にはどんな強みがあるのか、そしてどんな弱みがあるのかを整理しましょう。自分でわからなければ、周囲の人に聞くのもひとつの方法です。自分のことは意外と自分ではわからないものだからです。

強みは伸ばしつつ、弱みを受け入れましょう。自分の弱さやダメさやを受け入れたときにはじめて、人は強くなれます。実は人前で話すのが苦手だとか、ピーマンが食べられないとか、なんだってかまいません。思いきってさらけ出してしまいましょう。そういうリーダーに、メンバーはついていきたいと思うものです。

日本では、他人と違う意見を言うこと、目上の人に意見を言うことが憚《はばか》られる雰囲気がまだまだ残っています。心理的安全性を確立するのは、たやすいことではないかもしれません。しかし、リーダーが人間臭く率直な態度でいることで、少しずつ職場は変わります。

3－3

裁量度を高めるため、信頼して任せる勇気をもつ

人は、心から信じてもらったときに変わる

ストレスチェックの「裁量度合」「仕事のコントロール度」とは、自分のペースで仕事ができる、自分なりのやり方でできる、自分の意見が反映されるといったことを表しています。

裁量度を高める方法はいくつかありますが、何といっても仕事を任せること。

しかしながら、「任せたいけど心配で任せられない」、「任せているけれどうまくいかない」という悩みを持つリーダーは少なくありません。しかもその原因をメンバーの能力不足だと決めつけているリーダーもいますが、はたしてそうでしょうか？

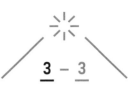

うまく任せられない要因はリーダーにもあります。そもそもメンバーを信頼していないのかもしれません。

メンバーを信頼するとは、「この人はひとりで何かを成し遂げる力をもっている」と心から信じることです。「信じているよ」と言いながら、自分の思い通りに動いてくれることを勝手に期待している人もいますが、それは信頼ではありません。自分の思い通りにならなくても、**メンバーが自分で考え、自分で答えを見つけ、自分で前に進んでいく力を持っているのだと、心底思うこと。それが、信頼するということ**です。

メンバーを信頼できないのは、自分の理想にこだわりすぎているからかもしれません。自分の知らないやり方で進められることへの不安があるのかもしれません。そういった要因が自分の中にないかどうかを確認しましょう。

人が「変わろう」「頑張ろう」「一歩踏みだそう」と思えるのは、他者から心底信頼してもらえていると感じたときです。リーダーは、ただ仕事を任せるだけでなく、信頼して任せなければいけません。

3 − 4

順序立てた質問で意見を自由に言える雰囲気をつくる

質問は剣にもなりうる

「メンバーに意見を募っても出てこない」「主体的に動いてくれない」という悩みもリーダーからよく聞きます。一方で、若手からは、「リーダーが威圧的で言いたいことが言えない」「意見を言ってもダメ出しばかりされるので言うことをあきらめた」などという声が聞こえてきます。

意見を言える自由をチーム内に定着させるには、言いやすい雰囲気を作らなければいけません。そのために**リーダーは、聴き上手になることが大切**です。とくに注意してほしいのは、質問の仕方です。

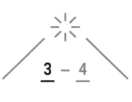

頭に置いてほしいことがあります。それは、質問は剣にもなりうるということ。私たちは、何かを聞かれると、自分の内面を探られるように感じ、身構えます。また、唐突に質問されると驚きます。コーチングの影響か、やたらと質問を繰り出すリーダーもいますが、注意が必要です。メンバーに自ら考えさせようと「なぜ?」と質問攻めをした結果、メンバーをメンタル不調にしてしまったリーダーもいます。

質問は、順序立てて行いましょう。

いきなり質問して相手を驚かせないようにするということ、質問で相手を追いつめないということです。

要約をしてから、その流れで質問をする。質問の意図を説明して質問する。そのような工夫をするのです。

自信を失っていると話すメンバーに対して、

「なんで自信がもてないの?」

と唐突に聴いたら驚かせてしまいます。追いつめることにもなります。そこで、次のように順序立てて質問するのです。

「プロジェクトをまとめていく自信がないから、プロジェクトリーダーを引き受けたくないという気持ちがあるんだね。初めてプロジェクトリーダーを任されようとしているのだから、不安になるよね。その気持ちの部分をサポートしたいから、自信がない、ということについてもう少し聞かせてもらえるかな？　まとめていく自信がもてないのは、自分ではどんな理由が大きいと思う？」

このように、要約をし、質問の意図を説明して、今から質問をするよ、と前置きをしてから質問をします。こうすることで相手は安

聴き上手の質問術

順序立てて質問する

要約
プロジェクトをまとめていく自信がないから、プロジェクトリーダーを引き受けたくないという思いがあるんだね。初めてプロジェクトリーダーを任されようとしているのだから、不安だよね。

質問の意図を説明
その気持ちの部分をサポートしたいから、自信がない、ということについてもう少し聞かせてもらえるかな？

考えさせる質問
まとめていく自信がもてないのは、自分ではどんな理由が大きいと思う？

心して答えられます。さらに話を深め、本人に問題の本質を気づかせることで、気持ちを落ち着かせることができます。

メンバーが自分で自分の課題に気づけば、成長を促すことができます。共感をしながら聴いていけば、信頼関係が深まります。

私も記者時代、鋭い質問、相手が驚くような質問ができる人が優秀な記者だと思い込んでいました。でも、カウンセリングを学び、それは全くの誤解だったと気づきました。

極端な話、質問などしなくても質問はできます。共感し、繰り返しや要約をしっかり入れ、うなずきを使い分けるだけで、相手はどんどん話してくれるものです。

質問をしたくなるのは、「自分の聴きたいことを聴こう」、優位に立ちたいという思いがどこかにあるのです。自分の聴きたいことを質問して相手を操作しようとすれば、メンバーはそのことを感じ取り、警戒します。意見を自由に言えなくなります。

自分が質問という名の剣をふりかざしていないかどうか、定期的に

幸せなチームへの道 07

聴き上手なリーダーは質問上手である。相手が自然に答えられるよう工夫をして聴いている

チェックしましょう。

人は、信頼できない相手には絶対に本音を話しません。メンバーとの間に信頼関係があるかどうかも、ときどき確認したいものです。

本当に聴き上手な人は、相手を追い詰めたり、無理に口を開かせようとはしません。相手に安心感を抱いてもらえるように自分の表情や声のトーン、スピードなどをコントロールし、自然に言葉を紡いでもらえるように心を寄り添わせながら聴いています。そうして信頼関係を築く努力をしているのです。

3-5

メンバーの小さな冒険を歓迎する

遊び心を発揮して自分と周囲の人を幸せにする

土曜の夜、地下鉄に乗っていると、終点到着を知らせるアナウンスが流れ、この言葉で締めくくられました。

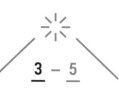

「素敵な土曜の夜をお過ごしください」

こんな情緒的なアナウンスを聞くことはまずありませんので驚きましたが、とても温かな気持ちになりました。同時に、お堅いイメージの鉄道アナウンスに遊び心を加えた車掌さんの粋な計らいにちょっと感動しました。

また、接客にマニュアルがないと言われているコーヒーショップも、スタッフがカップに絵を描いてくれたり、「今日は暑いですね。涼んでいってくださいね」といったひとことをかけてくれるなど、思い思いに遊び心のある接客をしてくれます。

日本人は遊び心を取り入れるのが苦手な傾向がありますが、業務に差支えのない範囲でこのような小さな冒険を歓迎する文化を職場内に育てるのは、裁量度を高めるためにも仕事を楽しくするためにもとても有効なことです。

仕事の本質は、顧客や仕事の先にいる人を幸せにすること。その方法は無限です。各自が自分の裁量で、まわりの人を幸せにする方法を考え、ちょっとした冒険をすることを許してもらえる環境なら、裁量度が高まり、喜びや楽しさなど自分の感情をのびのび表現できるようになります。

「ジョブクラフティング」（P123）にも通ずることですが、どんな仕事にでも遊び心を取り入れることは可能です。ある役所の課では、メンバーの発案で毎月席替えをしています。事務作業を淡々とこなさなければならない部署ですが、毎月の席替えでリフレッシュでき、柔らかな雰囲気の中で仕事ができているそうです。

3-6

オフィスを色や香りで彩り気分を上げる

自由度の高い組織はオフィスも自由

記者時代に外資系企業を取材したとき、自由そのものといった雰囲気のオフィスに驚きました。社内にビリヤード台があり、スタッフはバランスボールに座って仕事をしています。ワクワクしながら仕事をしたほうが発想力や生産性が上がるという理由で、そうしているとのことでした。

日本企業も、ユニークな発想のオフィスがこの数年でずいぶん増えました。「職場環境」という項目がストレスチェックにはありますが、言うまでもなくオフィスの快適性が高ければ気分よく働け、生産性も上がります。

テレワークが定着し、より自由な働き方が今後広まっていきます。人が集うことの意味が問われる今、オフィスに集って仕事をするなら、メンバー同士のコミュニケーションが高まり、ワクワク働ける環境であることが求められます。

テレワークではなかなかできないことのひとつが、雑談です。意見を自由に交し合い、遊び心を高めて絆を深めるには、やはり対面でのコミュニケーションがいちばん。そこで、色や香りの力を活用するのもおススメです。

オレンジ色にはコミュニケーションを活性化する効果があると言われています。壁紙や家具をオレンジ色にするという方法もありますが、チーム単位でそれを行うのは難しいかもしれません。ならば、付箋やペン、紙コップなどの小物にオレンジ色を取り入れてみてはいかがでしょう。

また、黄色は明るさや希望を象徴する色なので、自由度を高めるのに効果的です。私が取材した自由度の高い外資系企業のオフィスは、鮮やかな黄色の壁に覆われていました。

香りで脳を刺激する

オフィス空間の演出のために香りを取り入れている企業もあります。これまで多数の企業を訪問してきましたが、エントランスに気持ちが安らぐアロマの香りを漂わせている企業は、特に印象に残っています。香りの記憶というのは強烈なものなのだと感じます。

香りは嗅覚を刺激し、脳に作用しますので、いい香りの中で働くことで、ストレスが低減し生産性が高まることも期待できます。

私も、集中して原稿を書くときにはレモン、ローズマリー、ペパーミントの香りを焚いていています。夕方にはラベンダーやグレープフルーツなどの香りを嗅ぐことで深くリラックスできます。柑橘系の香りにはストレスを低減させる効果があるとも言われています。

オフィススペースにアロマディフューザーやアロマストーンを置いて香りを漂わせることで、メンバーの自由度が高まる一助になるでしょう。

幸せなチームへの道 08

幸せな組織のオフィスは空気が澄んでいる。掃除、整理整頓をしてキレイな空間を保とう

3－7

感情表現で自由な子供を目覚めさせる

感情を乗せたコミュニケーションで自由度を高める

NIOSHの職業性ストレスモデルの中の「個人要因」には、「性格傾向」も含まれます。性格によってストレスの影響、ストレス反応の出方が変わるからです。

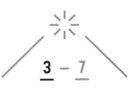

「エゴグラム」という性格診断があります。人の心には、競合性、寛容性、合理性、自由性、従順性という5つのエネルギー（エゴ、自我）があり、それぞれのエネルギーの配分によって心の状態＝性格が形成されるという理論に基づいた診断です。

「Selfスタンダード」（189問の質問票）には、この性格傾向を調べる質問が含まれています。現在の性格傾向からどのようなストレスを受けやすいか、どのような対策をすればいいかがわかります。

この章のテーマである、意見を自由に言える、アイデアを考え自分のやり方で進める、そして感情を自由に表現するという点は、自由性の高い人が得意とするところです。**自由性とは、のびのびとした無邪気な子供のようなエネルギーのこと。このエネルギーが高い人は、発想力も豊かでクリエイティブな作業も得意です。**

チームの「集団分析」の自由性が低い場合、意見があっても言えない、感情を出せない人が多い可能性があります。感情を仕事に持ち込まないというポリシーの人もいますが、感情は自然に湧き上がるものであり、無理に抑え込めばトレスをためこみやすくなります。感情を出すことをよしとしない職場の中で、辛くてもしんどくても我慢して頑張り続ける人が日本人には多いですが、そのような状態が続くとうつ状態に陥ります。

また、ポジティブな感情を動かすからこそ、仕事が楽しくなるという側面もあります。チームの自由性が低い傾向があるなら、高める工夫をしましょう。

自由性を高めるには、感情を意識して表現するようにします。嬉しいときには「嬉しい」、楽しいときには「楽しい」と、口に出したり文章に書いたりして表現するのです。チーム内で感情表現を使ったやりとりを積極的にするようにしてください。対面でのコミュニケーションだけでなく、メールやチャットでも表現するようにします。

人は、共感してくれた人に心を開きます。チーム内で感情を共有することは、絆を深めるためにも大切なプロセスです。とくに、テレワークにおいては、用件だけの簡素なやりとりになりがち。リーダーからの簡素なメールを「そっけない」と受け取り、嫌われているかもしれないと悩む若手もいます。

テレワークで物理的距離が離れていても、心の距離はいつも近い。そんな状態を保つため、感情表現をひとこと、プラスしましょう。

3章

自由度が高いチームでは
メンバーがのびのび働ける。
意見を言え、裁量度が高く、
感情が出せるチームが◎

自由度を高めるには
心理的安全性を高めること。
リーダーが弱みを見せれば
メンバーが安心して心を開く

人は、心底信じてもらったときに
変わろう、頑張ろうと思うもの。
自分の勝手な期待は横に置き、
心からメンバーを信じよう

質問するときは
順序立てて行う。
話を要約し、質問意図を
伝えてから、聴くこと

COLUMN

幸せなチームのためのコラム 3

週2回の運動で幸せホルモン分泌を促す

私がお目にかかってきたメンタルが強靭な人は、ほとんどと言っていいほど、運動習慣を持っています。ランニングが趣味でフルマラソンに出場している人も何人もいました。

適度な有酸素運動は脳を活性化し、幸せホルモン・セロトニンの分泌を促します。体の健康だけでなく、脳＝心の健康にもとても大切です。

アメリカのデューク大学が、重度のうつ病の患者に運動をしてもらい、症状の改善に効果があるかどうかを調べる研究（SMILE = Standard Medical Intervention and Long term Exercise）をしています。その結果、運動をすることで薬を服用するのと同等の改善が見られました。また、うつ病の再発率は40％程度と言われていますが、運動を継続した人の再発率は8％にまで減少しました。

運動は、病気の回復にも予防にも有効だということです。

コロナ禍で在宅勤務になり、一日に数十歩しか歩いていない人もいます。運動不足気味で筋力が低下しているだけでなく、うつ状態に陥る人も増えています。今こそ、運動を習慣にしましょう。

ランニング、サイクリング、水泳など有酸素運動ならなんでもOKですが、歩くのが最も手軽です。激しい運動をする必要はないので、歩く機会が少ない人は意識して歩く時間を作ってください。

メンタルヘルスの観点からは、30分の有酸素運動を週2回行うのがおすすめ。30分連続して歩かなくとも、細切れでかまいません。通勤時間を活用したり、エレベーターやエスカレータを使わずに階段を上り下りしたりすると、あっという間に30分歩けてしまいます。

また、朝のラジオ体操もいいですね。ラジオ体操は有酸素運動とストレッチを組み合わせた運動です。寝起きの硬い体をほぐし、シャキッと心身を目覚めさせてくれます。朝起きて朝陽を浴びると、光の刺激が目から入り脳に伝わって、セロトニンが分泌されます。そこでラジオ体操を行えば、セロトニンの分泌がさらに促されます。

4章

幸せなチーム・第3の法則
仕事の充実感が高い

4－1

メンバーそれぞれの強みを伸ばしてやりがいを高める

貢献と承認が、やりがいにつながる

仕事の充実感が高いとは、やりがいを感じ、意欲的に前向きに仕事に向き合っている状態のこと。

ストレスチェック「Self」では、「仕事意識」という項目、「職業性ストレス簡易調査票」では「働きがい」という項目でその状態を測定しています。「集団分析」でこれらの項目の値が高いということは、目標に向かってやりがいを感じながら取り組み、ストレスを乗り越えながら、ときにはのめり込むほど熱中し、仕事そのものからもパワーをもらっていきいきしているメンバーが多いということ。「ワーク・エンゲイジメント」が高いこの状態こそが、仕事の充実感が高い状態であると言えます。

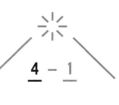

充実感を高めるためには、人がどのようなときにやりがいを感じるのかを改めて考えることが大切です。

カウンセリングで「やりがいを感じるのはどんなときですか」と聞くと、「お客さまにありがとうと言われたとき」、「チームの力になれたと感じるとき」など、ほとんどの人は顧客やチームメンバー、リーダーなど誰かの役に立てたときだと答えます。能力や存在を認められたときという答えも多いです。

つまり、**貢献と承認を実感できることこそが、やりがいにつながるということです。**

心理学者のアブラハム・マズローが唱えた「欲求5段階説」なるものがあります。「人間は自己実現に向かって絶えず成長する生きものである」と仮定し、人間の欲求を5段階に分けて示したものです。

次頁の図のように、人間の最も本能的な欲求は、最下層にある「生理的欲求」。食べる、寝るといった欲求を表し、これが満たされるとその上の「安全欲求」を欲するようになります。安心、安全な環境の中で暮らしたいという欲求です。

さらにその上には、家族や会社など集団に属したいという「社会的欲求」、他者から認められたいという「承認欲求」。そして、いちばん上には、自分の力を発揮し、なりたい自分になるという「自己実現欲求」があります。

チームに属し、貢献ができると「社会的欲求」が満たされます。さらにほめられたり認められれば「承認欲求」が満たされます。貢献と承認を感じ続けることができれば、やりがいが高まり、さらなる高み、「自己実現欲求」を満たそうと、積極的に仕事に向き合うようになっていくわけです。

マズローの欲求５段階説

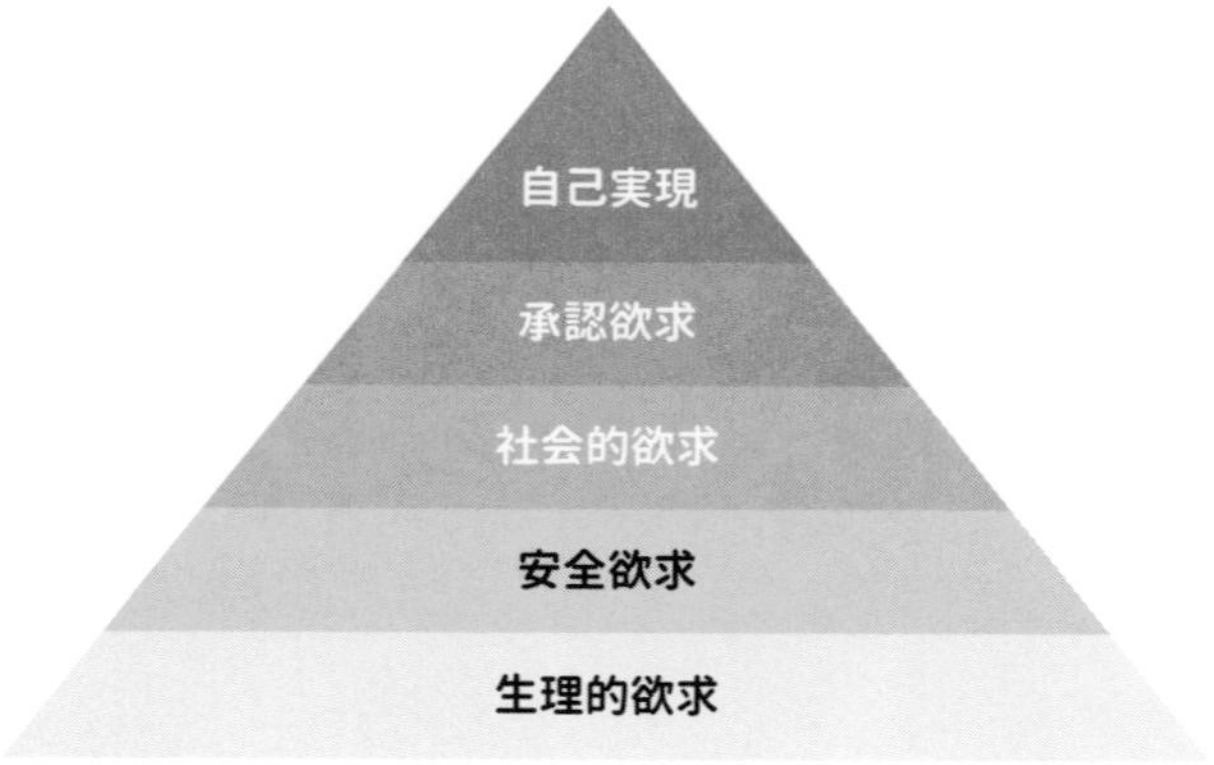

個々の強みを見つけて伸ばす

メンバーそれぞれが貢献と承認を感じられるようになるには、それぞれの持ち味、強みを伸ばすことが大切です。

「リーダーシップ力が高い」「観察眼が優れている」「細かなところによく気がつく」「プレゼンがうまい」など、普段見ている中で感じる強みがあるはずです。強みがない人などいません。よく観察して、気づいたことはメモしておきましょう。

そしてその強みを、ぜひ本人に伝えてください。というのも、**人は、自分の本当の良さや強みに自分では気づけないもの**だからです。

私は、はっきりとものを言ってしまうところが短所だと思っていました。ところが、カウンセラー仲間から「あなたははっきりとものが言える。なかなかできないこと。そこは強みなのよ」とある日、言ってもらったのです。それ以来、その強みを堂々と出せるようになり、他者からも評価してもらえるようになりました。

本当は強みなのに、本人が短所だと思い込んで引っ込めてしまっている力があるかもしれません。持ち味を活かして活躍してもらうためにも、折に触れて強みを伝えてください。

入社して3～4年目になると、「仕事が難しい」「プレッシャーを感じる」と訴える人が増えます。仕事に慣れ、徐々に任されるようになる時期だからこそ感じることです。

自分のキャリアはこのままでいいのか、はじめて悩む時期とも重なるため、自分の強みがわからず、認められもせず、貢献できている感覚も持てないと、退職の方向に気持ちが傾いたり、メンタルダウンしてしまう可能性が生じます。キャリアに自信がまだまだ持てない若手はとくに、彼らが自分で気づけない強みを伝え、承認するプロセスが欠かせません。

4－2

ちょっとした工夫でやりがいを育てる「ジョブ・クラフティング」

やり方や意義を見つめ直すだけでやりがいアップ

「やりがいのある仕事がしたい」と言う人は多いものですが、やりがいは結果として感じるもの。そもそも「やりがいのある仕事」など存在しません。しかし、ちょっとした工夫でやりがいを感じられるようになり、充実感は高まります。チームとしてやりがいを高めるための仕掛けを作ることも可能です。

そのひとつが、「ジョブ・クラフティング」。

「ジョブ・クラフティング」とは、従業員個人が仕事の仕方や意義、周囲とのかかわり方を変える手法。ひとりひとりが主体的に自分の仕事を見つめ直し、取り組み方を変えることを言います。仕事そのものは変わらなくても、やり方やとらえ方を変えて取り組むようになることで、結果としてやりがいを高めることができます。

有名な「レンガ積み職人」の話があります。

レンガを積んでいる職人が3人いました。「あなたは何をしているのですか?」と聞いたところ、3人はそれぞれこう答えました。

1人目「レンガを積んでいるんだよ」

2人目「壁を作っているんだよ」

3人目「私は、歴史に残る大聖堂を造っているのです」

1人目の職人と3人目の職人ではどちらが高いやりがいを感じているか容易に想像できるでしょう。仕事に対する見方を変えるだけで、やりがいが高まるという例えです。

「ジョブ・クラフティング」では、**仕事のやり方を工夫する、周囲の人とのかかわりを工夫する、仕事のとらえ方を工夫するという3つの工夫**について、メンバー同士でディスカッションしながら考えていきます。

1．仕事のやり方を工夫する

仕事のやり方を工夫する、については、例えば次のような工夫が挙げられます。

- **進め方の順番を変えてみる**
- **ものの置き場所を変える**
- **TODOリストを作成する**

順番を入れ替えるだけで思いのほか快適に作業できることがあります。すぐに必要なものが取れるように置き場所を変えるだけで、作業をスムーズに進められるようになり、ストレスが減ります。

また、作業を楽しく、ワクワク進めるために、TODOリストを作成する際に、「やるべきことリスト」だけでなく、「やりたいことリスト」を作ってみてはいかがでしょう。「べき」で考えると義務感が生まれるため面白味はなくなりますが、「たい」で考えると自ずとワクワク心が弾むものです。

2. 周囲の人とのかかわりを工夫する

周囲の人とのかかわり方を工夫する方法には、次のようなものがあります。

・お客さまとの信頼関係を深めるために、月に2回、情報提供メールを送る

・チームワークを高めるために短い雑談の機会を増やす

これ以外にも無限にアイデアが出てくるでしょう。人とのかかわり方を見直して、スムーズに連携が取れるようになると、悩みをひとりで抱えることも少なくなりますし、やりとりの中から思いもかけないアイデアが飛び出すこともあります。お客さまや取引先の人とのかかわり方に悩んでいる人が、メンバーの助けを得て快適に仕事できるようになることもあります。メンバーともお客さまとも信頼関係が深まり、やりがいが向上することが期待できます。

3. 仕事のとらえ方を工夫する

最後に、仕事のとらえ方を工夫する方法です。

・自分の仕事の意義を考え直してみる
・社会にどう貢献できているかを考える

私が記者だったころ、取材先でこんなことを言われました。

「記者さんの記事で、大勢の人の人生が豊かになっているんですよね。すばらしいお仕事だと思います」

仕事がマンネリ気味になり、価値や意義を見出せずにいたときにこう言われ、「目を覚ましなさい」と言われているような気がしました。それからは、その言葉を胸に、誇りをもって仕事ができるようになりました。

仕事を別の角度から見つめ直し、意味や意義を考えると、これまでやってきたこと、やっていることがさまざまなところで役に立っている、貢献できていることが確認でき、やりがいが高まります。

このような、いわば発想の転換作業を、チームメンバー皆で一緒に考え、実践するのです。もちろん個々人で行うのも有効ですが、より幅広い視点で考え、メンバーのベクトルを揃えてチームワークを高めるためにも、チームとして行うと、より効果的です。「書類の置き場所について」などテーマを決めて会議の場で話し合うのもいいですし、思いついたアイデアを自由に書き込めるボードなどを用意しておくのもいいでしょう。

何事も、漫然とやっていては成果は上がりませんし、楽しさも感じられません。また、慣れが生じてくるとやりがいも薄れます。時折、仕事を見つめ直すことは大事な作業です。

幸せなチームへの道 09

仕事を楽しくするか否かは考え方次第。同じ働くなら、楽しいほうがいい。工夫は惜しまずに

4-3

ほめてほめて、ほめて育てると、業績も上向きに

ほめるとは、承認すること

ほめて育てることの重要性は認識されてきていますが、「ほめる」ことに抵抗を感じる人はまだ多く、また、このことばには誤解がたくさんまとわりついています。

私がここで述べる「ほめる」とは、「コンプリメント」のこと。「コンプリメント」とは、「解決志向のアプローチ」という心理療法で使われる技法のひとつ。クライエントの素敵なところ、すばらしいところ、できていること、できるようになったこと、普通にしていることなどを肯定するということです。つまりは、**承認するプロセス**です。

クライエントの行為だけでなく、価値観、持ち物、存在そのものなど、カウンセラーはあらゆるところをコンプリメントします。

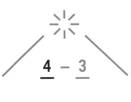

「面接に来てくれてありがとうございます」に始まり、「今日のお洋服は春らしい素敵な色ですね」「前回よりも声に力を感じますよ」「先週は休まずに出社できたんですね。頑張ったんですね」などと、随所にコンプリメントを入れることで、安心感を持ってもらうと同時に、自信を高めてもらうサポートをするのです。

ほめることとは、ご機嫌をとったりおだてたりすることではありません。その人のいいところ、素敵なところを言葉にして伝える行為です。「ほめて育てる」というのは、耳障りのいいことを言って持ち上げることではなく、**強みを伝え、承認して、自信と意欲を高めてもらうサポートをしていく**、ということです。叱らないということでは決してありません。

ほめられると、嬉しい気持ちになります。ああ、自分はこれでよかったのだ、自分にはいいところがあったのだ、と自信が高まります。自信が高まれば、意欲が向上し、行動が変わります。行動が変わると、結果も変わります。

ほめることは、メンバーの行動変容につながるのです。

ある研究では、メンバーにポジティブなフィードバックをよくするリーダー率いるチームは、あまりほめないリーダーのチームと比較して31％業績が上回ったと言います。

ほめることの大切さは、昔から言われてきました。

松下幸之助氏は、「「人を使うには、ほめて使う、叱って使う、批判して使うなどいろいろあるが、ほめて使う人が概して成功している」と述べています。

山本五十六氏は、「やってみせ、言って聞かせて、させてみせ、ほめてやらねば、人は動かじ」という名言を残しています。

しかし、日本のリーダーたちは、まだまだほめ下手です。ダメ出しは得意なのに、ほめることについてはからっきし苦手です。自信のない若手が多いと嘆いているリーダーは多いものですが、若手に話を聴くと、「上司がいいとか悪いとか言ってくれない。だから、自分のやっていることが果たして正解なのか、それともダメなのかわからない」と言います。

若手のうちは、何がいいのか悪いのかの判断もつきませんから、承認をしてあげることが必要です。

幸せなチームへの道 10

ほめるポイントを探すことが、脳を活性化する。ほめることは脳にいい効果をもたらす

4－4

「ピグマリオンほめ」には期待を現実に変える力がある

プレッシャーではなく、期待をかける

「ピグマリオン効果」という心理学用語があります。

アメリカの教育心理学者、ロバート・ローゼンタールがある実験を行いました。とある小学校に赴き、子供たちにテストを受けてもらったのち、全くの無作為に選んだ子供たちの名前を挙げ、「成績が伸びる子です」と担任に伝えたのです。その言葉を信じ込んだ担任は、その子たちに期待をかけ、結果的にその子供たちは成績が大きく伸びたと言います。

これは、期待をもって相手と接することで、相手はその期待通りになるという可能性を示唆した実験結果です。

職場でも、リーダーがメンバーに期待することは大きな力になります。信頼できるリーダーから期待をかけられたメンバーは、その期待に応えようと力を尽くします。

社長に大抜擢され、新事業を任された人がいます。「あなたならきっと面白いものを作ってくれると思う」という期待を感じたその人は、悩みながらも事業を軌道に乗せました。まさに「ピグマリオン効果」です。

日常の中でも、「自分が決めた目標を達成できると信じているよ」「今回はここがうまくいかなかったけれど、この経験を次につなげてくれると思っているよ」などと、期待を言葉にして伝えましょう。

リーダーがメンバーに期待し、それを言葉や態度で伝えていくことで、メンバーの成長を促すことができるのです。これも一種の「ほめ」です。私は「**ピグマリオンほめ**」と呼んでいます。

ただし、**期待すべきは、実現可能なことに限ります**。リーダーの勝手な期待を押し付けるのはプレッシャーをかけるだけ。上手に期待をかけるには、本人をよく観察しないとできないこと。メンバーに関心をもち、強みや思考を把握しましょう。

4 − 5

失敗したときこそチャンス。上手な叱り方で行動変容を促す

叱るときは、「行動」と「人格」を分ける

自分が成長できたと感じられることも、仕事の充実感を高めるためにはとても大切なこと。成長実感はリーダーがどうかかわるかによっても、大きく変わります。

人は、成功体験によって「対処可能感（自己効力感）」を高めることができますが、大きく成長するのは、失敗から何かを学んだとき。私がインタビューをした成功者たちも、過去にいくつもの挫折体験を積んでいました。

だからこそ、失敗したときこそが、成長のチャンス。そのタイミングでリーダーが適切なかかわりをすることで、メンバーの大きな成長と、それに伴う充実感を高めることがで

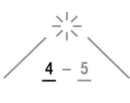

きます。

叱るときには、「行動・事実」と「人格」を分けることが肝心。

「何度言っても覚えないんだな。お前はバカか！」

この発言は、行動・事実と人格を切り離さず、人格否定しています。言うまでもありませんが、パワハラ発言です。

「こういうミスが起こると、複数の他部署に影響が及んで、修正などの手間をかけることになるよね。人間だからミスをすることはあるけれど、同じミスを繰り返さないように、今回のミスはどうして起こってしまったのかということ、どうしたらミスを防ぐことができるのかを一緒に考えよう」

人格を否定せず、ミスや失敗をしたことを責めず、どうすればミスやトラブルを防ぐことができるかを一緒に考えることが大事です。

「こうすればいいんだよ」と安易に答えを出すのではなく、メンバーに自分の頭で考えるよう促しましょう。**自分で考えたことには、人は責任を持ちます。**

叱るとは、相手が自らを振り返り、成長できるよう行動変容を促すことです。厳しく怒る必要などありません。

私を含め厳しく叱責されながら育ってきた世代は、それがスタンダードになってしまっていますが、それが正しい指導法ではないことに本気で気づかなければいけません。厳しくすればするほど相手は委縮し、何も言えなくなります。持っている能力を発揮できなくなります。指導する側も、厳しくせねばと思うあまり、本当に伝えるべきことを伝えられなくなります。そんな指導をしているリーダーがいる職場は、不幸です。

リーダーの役割は、メンバーを成長させること。**人間がどういうときに成長したくなるかといえば、「誰かに受容してもらったとき」です。**

メンバーが成功したときだけでなく、失敗したとき、うまくいかないときも受容をする。その姿勢をもち続けることが大切です。まずは、頑張ってくれたことに感謝しましょう。

プロセスを承認する

そのうえで、失敗した過程の中に潜む「うまくいったこと」を承認します。うまくいかなかったとしてもそのプロセスを認めることは、「これでよかったのだ」という自信を高めることにつながります。それが、次の成功につながります。

カウンセリングでは、どんなに小さくてもいいのでうまくいったこと、できるようになったことを承認します。

「10点満点として、何点ぐらいできたと思いますか?」

と、感覚を数値化する質問をします。

「1点です」

と答える人もいます。そう聞いて「たったの1点しかないのか?」と残念な表情を浮かべる人も多いでしょう。しかし、カウンセラーはこう答えます。

「1点できた!　ゼロじゃないんですよね!　その1点を次は2点に伸ばしましょう。2点にするために、どんなことができるでしょう?」と言葉をつないでいきます。

そういう評価の仕方ができるリーダーは少ないと感じます。できるリーダーほど、メンバーのダメなところが目についてしまって「1点しかできていないのか!　ダメじゃないか!」と叱咤するのです。

失敗したとき、ほとんどの人は自分を責めているものです。そこをことさらリーダーからダメ出しされたら、ますます落ち込みます。

わずかなことであっても、それはリソース（資源）になります。ほんの少しでもできているのであれば、それを伸ばしていけばいいのです。うまくいったことの中には、成功の種があります。それをどうすれば伸ばせるのか、一緒に考えていくのです。

ダメ出しばかりして落ち込ませるのではなく、ほんの少しのプラスを思いきり承認することが、メンバーの力と勇気を引き出します。

幸せなチームへの道 11

人は昔の自分を忘れる生き物。自分だって多くの人に迷惑をかけ支えられてきたことを忘れてはいけない

4章

貢献と承認を実感できることが
やりがいにつながる。
ひとりひとりの強みを伸ばす
マネジメントが効く

仕事は変わらなくても
やりがいの仕掛けづくりはできる。
やり方、かかわり方、とらえ方を
ちょっと工夫するだけ

ほめることでメンバーの
行動変容を促すことができる。
「強み」と「期待」を
伝えることがカギ

ダメ出しよりも小さな承認が
自信を高める。
できていないところではなく、
できていることに目を向けよう

COLUMN

幸せなチームのためのコラム／4

ストレス解消法のバリエーションを増やす

コロナ禍で外出自粛が求められ、ストレスが発散できずに困っている人をたくさん見てきました。旅行に行けない。ライブでアーティストに声援を送れない。大好きなテーマパークではしゃげない。などなど、今までのストレス解消法が実践できず嘆いている人は少なくありません。

いつどんなストレスがやってくるかわかりません。いざというときにストレスに冷静に対応できるスキルを高めておくことが大事です。とりわけストレス解消法のバリエーションを増やしておくことは、変化の多い世の中で幸せな毎日を送るために大切です。

ストレス解消法には、ひとりでできるものと誰かと一緒に行うものがあり、さらには動的、静的なものとがあります。

ひとりでできる動的なものは、ジョギング、水泳、散歩、ひとりカラオケなどが挙げられます。ひとりでできる静的なものは、読書、動画視聴、映画鑑賞、料理などがあります。誰かと一緒に行う動的なものは、サッカー、テニスなど複数人で楽しむスポーツ、旅行、バンド活動など。静的なものは、飲食やおしゃべりなどがあります。

いつ何があっても自分のストレスをコントロールできるように、この4つの領域それぞれでできることを見つけ、ストレス解消のバリエーションを増やしておきましょう。できれば、時間を忘れて心底楽しめるものがあるといいですね。

活動的なことが好きな人は、家でひとりで静かにできることにチャレンジしてみる。ひとりで静かに過ごすのが好きな人は、外に出てアクティブに動いてみる。

これまでやらなかったことにチャレンジするのは、いい刺激になります。年齢を重ねると新鮮な体験が少なくなり、ときめきも失われていきますが、新たなチャレンジをすることで、子供のときに感じた新鮮なときめきを感じることができます。それが幸福感を高め、結果的に仕事が楽しくなることもあるのです。

また、普段とは反対のことをすると効果的にストレス解消できるとも言われています。デスクワーク中心の人は体を動かす。体を使う仕事をしている人は静かに過ごす。メリハリをつけた生活を送ることが大切、ということです。

ストレス解消の時間を先に確保する

ストレス解消法は、ストレスを忘れさせてくれるだけでなく、心を充実させてくれます。そういう時間をもつことでプライベートが充実すると、仕事も充実します。

幸せに成功している人たちは、スケジュールを組む際に、趣味の時間を真っ先にスケジュールに入れています。何があってもその時間は必ず趣味を楽しむ、残りの時間で仕事をすると決めているのです。

しかし、仕事に追われている人ほど、「時間ができたら趣味を楽しもうと思う」と言います。その考え方を変えない限り、趣味を楽しめる時間は永遠に来ません。先に、趣味の時間を確保してしまいましょう。

これだ！　というストレス解消法が見つからないと話す人もいますが、ひとまずいろいろチャレンジして、とことんまでやってみることが大事です。はじめはできなかったことができるようになり、あるときふっと没頭できる瞬間が来るかもしれません。

ちなみに、ストレスが降りかかったときに、無理に寝たりはしゃいだりして忘れようとする人もいますが、あまりお勧めできません。忘れようとしても、心の奥底にその嫌な記憶は残ってしまいます。それが何かのきっかけでふとよみがえり、再び嫌な感情を呼び覚ますことがあります。行動に影響が出てしまうこともあります。忘れるのではなく、とらえ方を変えたり、人に話してスッキリしたり、問題解決をするなど、別の方法にトライして、しっかりと感情の処理をしましょう。

5章

幸せなチーム・第4の法則
認め合う文化がある

5－1

職場の雰囲気は、あいさつに表れる。まずはあいさつで存在を認め合う

あいさつで、認め合う文化の土台を築く

ストレスチェックの「集団分析」の結果がとても良好な職場を訪問したときのこと。入口に立つ警備員をはじめ、受付の人、すれ違う社員など、皆さんが次々に、「こんにちは」「いらっしゃいませ」とあいさつをしてくださいました。

記者時代に勢いのある会社に取材に訪れたときは、私がフロアに入ると社員が全員立ち上がり、「こんにちは」と大きな声であいさつをしてくれました。

逆に、ストレスチェックの結果が芳しくない会社に行くと、あいさつをしてくれないどころか、入り口で迷っていても誰も声をかけてくれないということがあります。たかがあいさつと思われるかもしれませんが、そういった端々に職場の状態が反映されるのです。

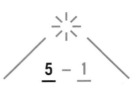

あいさつは、あなたの存在を認めます、という合図。ですから、あいさつしてもらえないと、存在を無視されたかのような悲しい気持ちになるわけです。職場内であいさつがおざなりになると、互いを大事にする気持ちもおざなりになります。当然、職場の雰囲気も悪化し、気持ちよく働けなくなります。結果的に健康度が低下します。

新人のうちは元気よくあいさつできていたのに、キャリアを重ねるとできなくなる。お客さまが来ても会釈もしない。そうなってしまうのは、個人の問題だけでなく職場の雰囲気が要因でもあります。先輩やリーダーがあいさつしない姿を毎日見るから、若手もそれに倣ってしまうのです。

小学校のように「元気よくあいさつしましょう」と標語を掲げ、あいさつ運動を行っている企業もありますが、わざわざそういったことをしなければならないほど、日本人はあいさつ下手です。

信頼を築く基本はあいさつ。上に立つ人ほどあいさつを元気にして、認め合う文化の土台を築きましょう。

5－2

認め合う＝多様性を受け入れる。自分の中にある「期待」を見つめ直してみる

「役割期待」が人間関係のトラブルのもと

多様性の重要性が叫ばれて久しい昨今。多様性というと、性別や人種などに関する差別撤廃というイメージが強いですが、個々の違いを認め、受け入れあうことがそのベースです。さまざまな人が働く職場では、それぞれの違いを認め合うことが、ハラスメント防止だけでなく生産性向上につながります。

認め合う文化が醸成されているかどうかは、ストレスチェック「集団分析」の「人間関係」「対人関係」の項目に表れます。ギスギスしているチームは、この項目の数値が低いのです。

人間にはそれぞれの価値観があり、それは十人十色。そして、その価値観から、他人に対

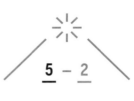

する無意識の期待が生まれます。

「上司ならしっかりと指示をすべきだ」「部下なら自分から積極的に相談してくるべきだ」「経験豊富な人は手早く作業できてあたりまえだ」「新人なのだから控えめにすべきだ」など、私たちは無意識に相手に対する期待を抱きながらコミュニケーションを取っています。そして、自分の期待通りに相手が動いてくれないと勝手に腹を立てます。

心理学では、無意識の期待のことを**「役割期待」**と呼び、この期待と相手の実際の行動が一致しない状態を**「役割期待」にズレが生じた**とみなします。

多様性を受け入れるためには、自分の中にどのような「役割期待」があるのか、その期

役割期待のズレ

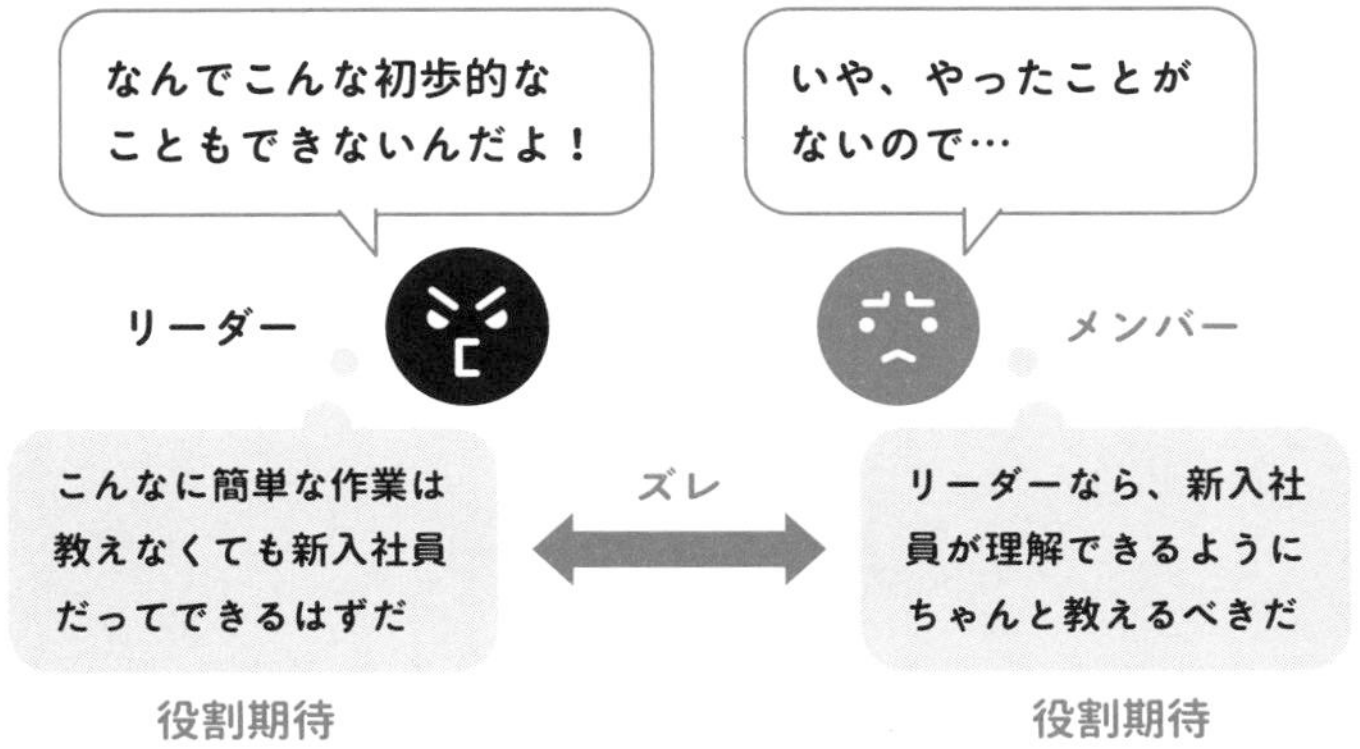
なんでこんな初歩的な
こともできないんだよ！
いや、やったことが
ないので…
リーダー
メンバー
こんなに簡単な作業は
教えなくても新入社員
だってできるはずだ
ズレ
リーダーなら、新入社
員が理解できるように
ちゃんと教えるべきだ
役割期待
役割期待

待は妥当なのかを見直すプロセスが欠かせません。

あなたは、メンバーに対してどのような「役割期待」をもっていますか？　例えば、新入社員に対して、「このぐらいのことなら新人だってできるはずだ」という期待を抱いていないでしょうか。そして、新入社員がその作業ができなかったとき、叱責していませんか？

そのような「役割期待」のズレを解消するには、**「私はあの人にどんな期待をしているのだろう？　その期待は妥当なのだろうか？」と自分自身に問いかけましょう。**

期待が妥当でないならば、期待を捨てる、もしくは期待を妥当なものに変えます。新入社員にできて当然だという期待をかけるのは、そもそも妥当ではないかもしれません。だとしたら、その期待を捨てます。「やってくれたらラッキー」ぐらいに構えていれば、イライラすることもありませんし、役割期待のズレによるトラブルを防ぐことができます。

人間関係の悩みのほとんどは、「役割期待」のズレです。カウンセリングで人間関係の悩みを話す人の多くが「普通はこうしますよね？」「こうやるのが常識じゃないですか！」という言い方をします。役割期待のズレが生じているのですが、相談者は相手が悪いと思い込んでいます。相手もまたストレスを感じているであろうことに気づいていません。このような人は決して少なくありません。ぜひメンバーたちにも、「役割期待」を認識してもらい、互いの違いを受け入れることを促しましょう。

会議などの場で「人間は誰しも相手に期待を持ってしまうもの。期待を持つこと自体は悪いことではないけれど、無意識に相手に期待を押し付けていないか、ときどき振り返ってみよう」とメッセージを送ることも有効です。

「マネジメント」の著者であるピーター・ドラッカー氏は、「ひとつの事実を皆が違うとらえ方をしているということを知ることそのものがコミュニケーションである」という主旨のことを述べています。この言葉の意味をチームメンバー皆が理解し、かみしめ、自分の行動に反映させることが、多様性を認め合う第一歩になります。

幸せなチームへの道 12

自分の価値観も他人の価値観も大切。だからこそ、両方を護るため歩み寄りたい

5－3

相互理解を深めるために、まずはリーダーが「聴く力」を磨く

相手を理解するために「聴く」

認め合うためには、相手を理解するプロセスが欠かせません。理解するには、思いや考え、背景などを知ること。そのためには、相手の話をしっかり「聴く」ことが大事です。

「聴く」とは、言葉の表面上の意味だけでなく、言外の意味や、相手の価値観、背景までをも理解し受け止めることです。ただ「うん、うん」と黙って受け止めることではなく、積極的に関わりながら相手の話を引き出していく作業です。

まずはリーダーが「聴く力」を磨いて、メンバーを理解することから始めてください。

例えば、メンバーがこんな相談をしてきたとき。

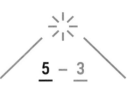

メンバー：「すみません、ペアを組んでいるEさんのことでちょっと……」
リーダー：「なんだ、どうした？」
メンバー：「はい。なんというか、相性が悪いというか、考え方が全く違うので、かみ合わないことが多くて。いつも私が我慢して合わせているんですが、もう限界です。ペアを変えていただけないでしょうか」

もしも、こんな返答をしたらどうなるでしょう？
リーダー：「ええっ！　何言ってるんだよ！　ここまでプロジェクトが進んでるんだし、今さらペアを変えるわけにいかないだろう。Eさんも頑固なところがあるけど、悪い人じゃないよ。子供じゃないんだから、うまくやってくれよ」

これでは、メンバーは「はい」としか言えません。勇気を振り絞って相談してきたのかもしれないのに、その思いを全く受け止めず、自分の「どんな人とでもうまくやっていくべき」という価値観でバッサリと斬ってしまっています。おそらくメンバーは、もう相談してくることはないでしょう。

もうひとつ、ありがちな返答を。

リーダー：「う〜ん、考え方が合わないのか。そうか、困ったなあ……。我慢してることが辛いんじゃない？　我慢しないで、キミも主張したほうがいいよ。意見を闘わせることでいいアイデアが出来上がるから。人に合わせてばかりじゃ成長できないよ。主張の仕方を教えるからやってみようよ」

一見、物腰は柔らかいのですが、この人も話を聴かず、一方的にアドバイスしています。非常に多いパターンです。リーダーの中には、相談されたらアドバイスしなければ、と思い込み、自分の考えを押し付けてしまう人が多くいます。しかし、それではメンバーは興ざめし、自分の頭で考えなくなります。そればかりではありません。言いたいことを聴いてくれないリーダーに相談したことを、メンバーは後悔するでしょう。

聴けるリーダーは本質を引き出す

では、次の返答では、メンバーの心にどのような変化が生まれるでしょう？

リーダー：「Eさんとかみ合わなくて困っているんだね。しかもずっと我慢してきたのか。それは辛かっただろうね。気づかなくて申し訳なかった。これからペアを変えるのは難しいかもしれないけど、どうしたらキミが気持ちよく仕事していけるか一緒に考えたいから、もう少し詳しく話してもらえるかな?」

このリーダーは、メンバーの感情をしっかり受け止めています。「困っているんだね」、「辛かっただろう」と、**気持ちを察してそれを言語化しています。こうすることで「共感」をしているのです。**ペアを変えることができない状況だったとしても、バッサリと斬り捨てることはせず、どうしたらいいかを一緒に考えようと、寄り添っています。

この上司は、メンバーが本当に訴えたいことは、ペアを変えてほしいということではなく、「今困っているこの状況をなんとかしたい」ということであると理解したのです。

言葉の表面上の意味が、相手が本当に言いたいこととは限りません。本人も本当に言いたいことが何なのかわかっていないことも多いものです。

自分の価値観は横に置き、相手の立場に立って「本当に伝えたいことは何か」を聴き取って理解していく。答えを出したり一方的にアドバイスするのではなく、相手に考えさせる——それが、「聴く力」です。このように聴ければ、信頼関係は高まります。

5－4

「4つのうなずき」で会話量を増やし、相手への理解を深める

会話は「態度」が9割

共感しながら応答をしていくことが、「聴く」ということにおいて重要だとお話ししましたが、実はそれ以前に大切なのが、「態度」です。

アメリカの心理学者、アルバート・メラビアンが提唱した「メラビアンの法則」によれば、会話の際に人は、相手が発する3つの情報をもとに判断を下しているといいます。言語そのものから得る情報は7％。声のトーン、スピード、大きさなど聴覚から得られる情報は38％。そして、表情、しぐさなどの視覚から得られる情報が55％という割合でした。

つまり、私たちは、言語そのものよりも非言語から、相手の真意や人柄などを判断しているということになります。非言語すなわち、「態度」が9割ということになります。

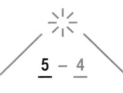

スピーチなどは言うまでもありませんが、話を「聴く」際にも、「態度」が大きな影響力をもたらします。どんなに一生懸命聴こうと思っていても、「態度」がそのように見えなければ相手は安心して話すことができません。

「聴く」ときの「態度」には「うなずき」「あいづち」「目線」「姿勢」「表情」など、いくつか大切なポイントがありますが、中でも非常に重要なのが、「うなずき」です。

うなずきは、「あなたの話を聞いていますよ」という合図として認識されていますが、それだけでなく多くの役割を果たす動作です。

まずは、私がカウンセリングの際に使っている「4つのうなずき」をご紹介しましょう。

ひとつめは**「、」のうなずき**。文章における読点＝「、」の箇所で、軽くうなずくものです。これは、**「興味をもって聴いていますよ」ということを伝えるうなずき**です。

普段無意識に行っているような軽めのうなずきですが、日本人はリアクションが薄く、自分ではうなずいているつもりでも相手にそれが伝わらないほど小さな動きの人は多いもの。小さめに、けれどしっかりうなずくのがポイントです。

次に、**「。」のうなずき**。文章が終わったところで打たれる「。」＝句点のうなずきです。相手がひとしきり話し終えたところで、「うん、わかるわかる！」と共感をしたり、「なるほど、そうですよね」と納得をした際に打ちます。

共感や納得を伝えるリアクションですから、「、」よりも大きく行います。上半身を動かしつつ、床をのぞき込むほどの勢いでうなずきます。

3つ目は、**「？」のうなずき**。文字通り、疑問を意味するリアクションです。

話を聴いていて、意味や意図がよくわからないことがあるはずです。そんな「？」のシーンで、「、」のうなずきをしている人が、結構多いのです。それでは、話がわからないままどんどん進んでしまい、相手の意図をつかみそこねます。

わからないことがあったらすかさずわからないことを表すリアクションをする。そうすれば、わざわざ質問せずとも、相手は「あ、わかりにくかったのだな」と気づきます。そして、わかりやすく言い直してくれるものです。

「？」のうなずきの方法ですが、首をかしげたり、眉間にシワをよせ、「わからない」という表情をするのが一般的でしょう。あなたなりのオリジナルリアクションで表現するのも

4つのうなずき

小さく、でもしっかりうなずく

、	**興味をもって 聴いていますよ**

床をのぞき込むくらい
大きくうなずく

。	**納得しました。 共感しました**

小首をかしげる、
眉間にしわを寄せる

？	**よくわからないです。 う〜ん、それはどうかな？**

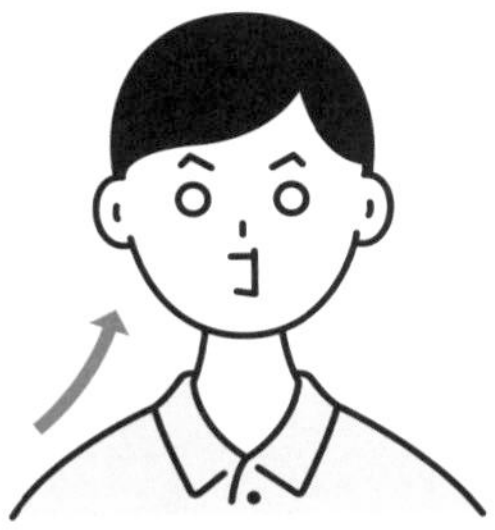

のけぞる。目を見開く

！	**驚きました**

アリです（相手に伝われば、ですが）。

そして最後は、**「！」のうなずき**。驚きを表すリアクションです。内心は驚いているのにそれを表現しない人がいます。そういう聴き手は、話し手にとっては、「話しにくい相手」です。

例えば、「子供が生まれたんです」という人生の一大事について話しているのに、ノーリアクション、あるいは「、」のうなずきで反応する人が結構な確率でいます。当然、話し手はがっかりします。「この人は私に興味がないのだろうか」、「まずい話をしてしまったかな」と感じてしまうかもしれません。すると、話し手の中にひっかかりが生まれて、話が前に進まなくなることもあります。

うなずきは、話を聴いているという単なる合図ではありません。**「私はあなたの話をこんなふうに受け止めました」と、自分の理解を伝えるリアクション**なのです。そのリアクションによって、話し手は「ちゃんと伝わったのだな」と安心して話すことができると同時に、しっかり聴いてくれる相手に信頼感を抱き、深い話をしてくれるようになります。

5-5

「あいづち50音」で共感力を高めて深い話を引き出す

メンバーが話したくなるリーダーは、「あいづち」上手

うなずき同様に、話を促進するのに効果的な技法があります。「あいづち」です。「はい」「ええ」「お～」など、いわゆる合いの手を入れる行為です。

シャイな日本人は、「あいづち」も薄口な人が多いです。「はい……はい……ええ……はい」と、似たようなことばを繰り返すだけの人がとても多いのですが、それでは、相手は話しがいがありません。

漫才を思い出してください。ボケ役が話すとツッコミ役が「ほぉ」「ああ～」「なるほど、そうやね」など合いの手を入れ、リズムよく会話が流れていきます。あのツッコミ役のよ

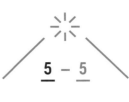

うに、職場での会話に「あいづち」を入れるのです。

40歳を過ぎたら、座っているだけで威圧感があると思ってください。

若いとき、年の離れたベテラン上司や先輩が、なんとなく怖く近寄りがたいと感じたことはありませんか？　何かされたわけではなくとも、年齢を重ねた人には威圧感を感じるものなのです。シワが増えるごとに、威圧感は増します。しかし、本人はそのことに気づいていません。威厳を保たねばと思うがゆえにニコリともせず、真顔で話してしまう。そしてよけいに怖がられる。年齢を重ねるというのは、そういうことです。

だからこそ、ベテランほど表情に気をつけたり、「うなずき」をしっかり行ったり、「あいづち」をしっかり打つことで、相手に安心してもらい、リラックスして話をしてもらう努力をすることが必要なのです。

ビデオ会議で画面に映った自分の顔に愕然とした人も少なくないと思いますが、オンラインならなおさら、真顔で話すと怖さ倍増です。実際に、「ビデオ会議のとき、リーダーが怖い顔で指示を出してきます。私は嫌われていると思います」と落ち込む若手もいます。気をつけましょう。

50音を使って「あいづち」を作ってみる

「あいづち」は、できる限りたくさん、バリエーション豊富に入れること。「はい」「ええ」だけでなく、**「すごい！」「大変だったね」「嬉しいね」など、いろいろな言葉を使うと、会話が華やぎ、相手はもっともっと話したいと思ってくれます。**

どんな言葉を使ってもいいのです。私は「**あいづち50音**」と名付け、自分なりのオリジナルあいづちを考えて使うことを提唱しています。

例えば、あ行なら、「ああ」「いいね」「うん」「ええ」「お〜」。さ行なら、「さすが」「知らなかったです」「すごいね」「センスいいね」「それで？」という具合に。

「あいづち」は無限です。ぜひ、あなたのセンスの光る「あいづち」を作ってみてください。

「あいづち」のバリエーションを増やしたら、勇気をもって「あいづち」を打つこと！　話の腰を折るのではないかと恐れて、「あいづち」を打つタイミングがつかめない人がとても多いのですが、多少相手の言葉に「あいづ

幸せなチームへの道 13

「うなずき」と「あいづち」でリズムを作る。テンポよく進む会話は自然と深まっていく

ち」がかぶってしまっても問題ありません。

ただし、相手のペースに合わせること。ゆっくり話す人なら「うなずき」も「あいづち」もゆっくりと。早口の人ならそれに合わせると、会話のリズムが作れます。

「うなずき」と「あいづち」をしっかりしてくれる人は、話し手から見れば「話しがいのある人」であり、「自分を理解しようとしてくれる人」。そういう人に、人は心を開き、信頼を寄せたくなるのです。

5-6 感謝習慣で笑顔あふれる健康な職場をつくる

「ありがとう」で幸福度が高まる

感謝には、幸福度を高め、ストレス症状を軽減する効果があると言われています。セリグマンも、感謝したい相手に手紙を書き、それを直接相手に届けに行くというエクササイズを推奨しています。私が尊敬するベテランカウンセラーも、「イラっとしたらありがとうを100回、頭の中で唱えましょう」と提唱しています。

幸福度を高めるためにできるもっとも簡単な方法が、感謝なのです。

感謝してくれた人に、人は心を開きます。職場コミュニケーションを良好にして、認め合う文化を形成するには、感謝習慣をもつことが効果的です。

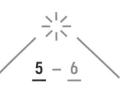

まずはリーダーであるあなた自身が感謝の言葉を意識して使ってください。報告してもらったら「ありがとう」。頑張ってくれたら「ありがとう」。ものを取ってくれたら「ありがとう」。予定通りに仕事を終えられたら「ありがとう」など、あらゆる場面で「ありがとう」と口にするのです。

メンバーが毎日出勤してきてくれる、呼んだら返事をしてくれる、職場の電気をつけてくれるなど、あたりまえのことに対しても「ありがとう」を伝えられたらいいですね。あたりまえのことに感謝できると、幸福度も高まります。

チーム内に感謝習慣の種をまく

「ありがとう」を言う回数が増えたら、次はチーム内に感謝習慣の種をまきましょう。

例えば、会議の際に、「ありがとうタイム」を設けるのはどうでしょう。1週間を振り返り、チームメンバーに対して感じた感謝を発表してもらうのです。メンバーとの接点が少なく発表することがない人は、生活の中での感謝を発表します。時間をかける必要はありません。ひとことでいいのです。しかしこれが習慣になると、メンバーは自然と感謝を見つけるようになります。

感謝されると、「人の役に立てた」喜びを感じます。人間は、何かをしてもらうこと以上に、人に貢献することに喜びを感じる生き物です。誰かに貢献をして、感謝してもらえることは、生きがいにもつながります。感謝が行きかう職場には笑顔があふれ、互いを認め合う文化が育ちます。

感謝などわざわざ言わせるものではないと考える人もいるでしょう。しかし、**気持ちは言わなければ伝わりません。人の感じ方は人それぞれだからです。**

家族が作ってくれる食事を何も言わずに食べ続けた結果、熟年離婚を切り出される人もいます。感謝していても言わなければ伝わらず、相手は自分の努力をむなしく感じてしまうのです。「わかってくれるはず」などという甘えた考えは棄ててください。口に出して伝える習慣をもつことが大事です。感謝を表現することの大切さを職場で共有しましょう。

幸せなチームへの道 14

「ありがとう」と言うべき場面で「すみません」と言わないこと。日本人の悪いクセは改めるべし

5－7

「ワタシのトリセツ」で、リモートワークでも互いの理解を深める

自己開示が信頼関係を深める

多様性を阻むものに「役割期待」があるとお話ししました。互いの違いを受け入れる第一歩は、相手の個性や価値観を知ること。

とはいえ、自己開示を積極的にする人もいれば苦手な人もいる職場では、全員の価値観を把握することは難しいものです。加えて、テレワークが浸透し、対面での雑談が持ちにくくなってきています。メンバー同士の理解を深める仕掛けをする必要があるでしょう。

そこで役に立つのが、**「ワタシのトリセツ」**。メンバーに、自分の自己紹介を書いてもらうのです。

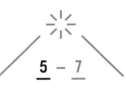

図(P170)のようなひな形を作り、各自に書き込んでもらいます。出身地、家族構成、どんな子供だったか、趣味、好きなこと、言われるとモチベーションが上がる言葉、得意なこと、今の課題、今後の目標など、開示してもらいたい項目を並べます。

書き込んだら、共有フォルダなどに置き、皆が閲覧できるようにします。

書きたくないことは書かなくてもいいということ、プライバシーにかかわることなのでチーム内だけで共有することは、ルールとして提示してください。

トリセツを書いてもらうことで、新たな発見もあります。気づかなかった能力や可能性を見出すことができ、新たなチャレンジをしてもらうきっかけにもなります。

メンバー同士も互いを理解することができ、多様性を受け入れる土壌ができるだけでなく、困っているときに手を差し伸べたり、自分の強みで誰かの弱みをカバーするという助け合いも自発的に生まれるようになります。

ワタシのトリセツ

名前　**方丈貴子**

出身地　**埼玉県大宮市**

家族構成　**父、母、兄**

どんな子供だったか

男の子とばかり遊んでいる子。
外で走り回ることが大好きでした

趣味

バドミントン（中学から続けています！）
スマッシュが決まったときは最高に気持ちいい！

好きなこと、もの

カフェ巡り（コロナが終息したら再開したい）

モチベーションの上がる言葉

「あなたといると元気になるよ！」

得意なこと

初対面の人とすぐ仲良くなれること。大学時代、パン屋さんでバイトしていて、お客さんによく名前を憶えてもらえました

今の課題

論理的に考えるのが苦手なので、何とかしたいと思っています

今後の課題

入社3年目になったので、もっとスキルを磨いて、後輩のお手本になりたいです。目標の資格取得、今年こそ頑張ります！

5章

あいさつは認め合う職場文化の
土台を築く行為。
「おはよう」「お疲れさま」と
元気に口にする習慣を

「役割期待」のズレが
人間関係を壊し多様性を阻む。
自分の中の期待を見直し
修正してみよう

話を「聴く」ことは
認め合うための第一歩。
まずはリーダーが
スキルを高める

感謝は、幸福度を高め
ストレス症状を軽くする。
チーム内に感謝習慣の
種をまこう

COLUMN

幸せなチームのためのコラム 5

たんぱく質で体も心もタフに

10代でうつ病を発症し、7年も薬を飲み続けていた20代の女性がいました。一向に回復しないということでカウンセリングにお見えになりました。仕事をするエネルギーもなく家に引きこもっている状態。昼夜逆転の生活をしており、ジャンクフードばかり食べている毎日を送っていました。

まずはその生活習慣を整えることをアドバイスし、朝起きて夜寝る生活を取り戻すことを目標にしてもらいました。そして、乱れた食生活を改善し、バランスよく食べることも頑張ってもらいました。

3か月後に会った彼女は、まるで別人でした。肌つやがよく、素敵な笑顔を見せ、仕事も決まり、恋人もできていたのです。短期間での激変に、驚きました。本人が相当頑張った結果ですが、何がいちばん効果があったと思うか尋ねると、食事だと答えてくれました。

「食事でこんなに人間って変わるものなんですね」

と、興奮気味に話してくれた表情を今も忘れることはできません。

飽食の時代ですが、好きなものをなんでも食べられるがゆえに、現代人は質的栄養失調に陥っている人が多いとも言われます。食べたもので体が作られると同時に、脳も、食べ物から摂る栄養で動いています。必要な栄養が届かなければ、脳も栄養失調になります。それによってうつ病になる人も少なくないのです。

バランス良く食べるのが大前提ですが、メンタルヘルスを保つためには、幸せホルモン・セロトニンの材料になるトリプトファンをたっぷり摂ることを意識してください。トリプトファンは必須アミノ酸。体内で作られないため、食べ物から摂取する必要があります。トリプトファンを多く含む食材は、カツオ、まぐろ、豚ヒレ肉、鶏胸肉、レバー、豆腐、納豆、バナナ、チーズ、ヨーグルト、牛乳、卵など。要は、たんぱく質をしっかり摂ることが大事なのです。コンビニで手に入る食品もたくさんあります。

炭水化物過多に傾いている人、痩せたいからとあまり食べない人、お菓子ばかり食べている人、好き嫌いの多い人は、トリプトファン不足になっている可能性があります。

体も心も、食べたものでできています。何を食べるかということを、大切に。

6章

幸せなチーム・第5の法則
チームワークが良い

6－1

チームワークに必要なのはワクワクするビジョンとベクトル合わせ

ワクワクしなければ成果は上がらない

「メンバー同士仲は良いのだけれど、作業となるとバラバラ。それぞれが自分の仕事だけをしていて、隣の人が何をしているのかわからない状態。もう少しチームワークを発揮してもらい、チームとしての成果を上げたい」。

「お互いに助け合おうという意識が低い。他人に関心がない人が多いような気がします」。

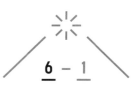

リーダーからこのようなお悩みを聴くことがしばしばあります。いかにチームワークを向上させるかは、リーダーの永遠の課題でしょう。

職場は仕事をするところ。チームワークを高め、連携して仕事を進めていくことが求められます。そもそもチームワークとは、ただ単に協力し合って作業することではなく、

- **ワクワクするビジョンがあること**
- **全員がそのビジョンを理解していること**
- **全員が自分の役割をわかっていること**
- **信頼関係があること**

これらの条件が揃っていることが重要です。単なる達成目標ではなく、「○か月後、こういうチームになっている」という実現可能なビジョンがあり、そのビジョンに向かって全員がベクトルを合わせて進んでいくことで、チームワークが発揮できるのです。ビジョンは、ワクワクするものであることが大事。ワクワクしなければ、「ワーク・エンゲイジメント」は高まりません。どんな仕事だって、ワクワクするビジョンは描けます。

カウンセリングの際に、「リーダーが目指していることを理解していますか？」という質問をすることがあります。残念ながら、この質問にイエスと即答する人は、非常に少ないのが現状です。

リーダーは伝えているつもりでも、メンバーに伝わっていないのかもしれません。一度伝えたきりで、その後は話題にも出ていないのかもしれません。あるいは、ビジョンがないのかもしれません。いずれにせよ、ビジョンをメンバーが把握できていないチームは足並みが揃っていないケースが多く、ストレスチェック「Self」の「集団分析」でも、そのことが浮き彫りになることがあります。

「人間関係」の値はいいのに、「意思疎通が悪い」という質問に関しては、改善を要する数値が出ていることが実は少なくありません。職場が仲良しクラブになってしまっていて、仕事上の意思疎通が図れていないのです。仲が良すぎて言いたいことが言えないというケースもあります。

伝えるべきことは、明確でわかりやすい言葉にして伝えなければいけません。そのスキルは、働く人皆が身につけるべきものですが、まずはチームメンバーが同じ方向を向けるよう、リーダーがビジョンをはっきりと打ち出し、わかりやすく伝えましょう。

言葉や思いは、自分が思っているようには伝わらないもの。伝えたら、どう理解したのかを確認することも大事です。そして、何度も繰り返して伝えることも、とても重要なことです。

6－2

「解決志向」でワクワクするビジョンを描く

フィンランド式研修でチームが激変

ワクワクするビジョンを描くのに役立つのが、「**解決志向のアプローチ**」。アメリカで１９７０年代に生まれた心理療法です。

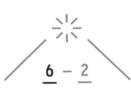

それまでの心理療法は問題の「原因」に焦点を当てるものでしたが、解決志向は相談者が望む「未来の理想」と、そこに向かっていく経緯に焦点を当てるもの。「どうなっていたらいいのか」という未来の理想像を考え、そこから逆算して「今、何ができるか」を考えて実践していきます。

この「解決志向」がベースになったチームビルディングプログラムがあります。フィンランドで生まれた「リチーミング」という研修プログラムです。

「リチーミング」の「リ」は再生の意。チームを再構築する、という意味が込められている造語です。


研修は、グループディスカッションを中心に進めていきます。現状の課題を分析したあとに、未来の理想像（ワクワクするビジョン）、ゴール（未来の理想像に近づくためにできること）、ひとりひとりの目標及び行動計画を、皆でざっくばらんに話しながら考えていきます。

最大のポイントは、未来を考えるプロセス。業務内ではできないような深い話、本音での話し合いができるうえ、**ワクワクする未**

解決志向は未来思考

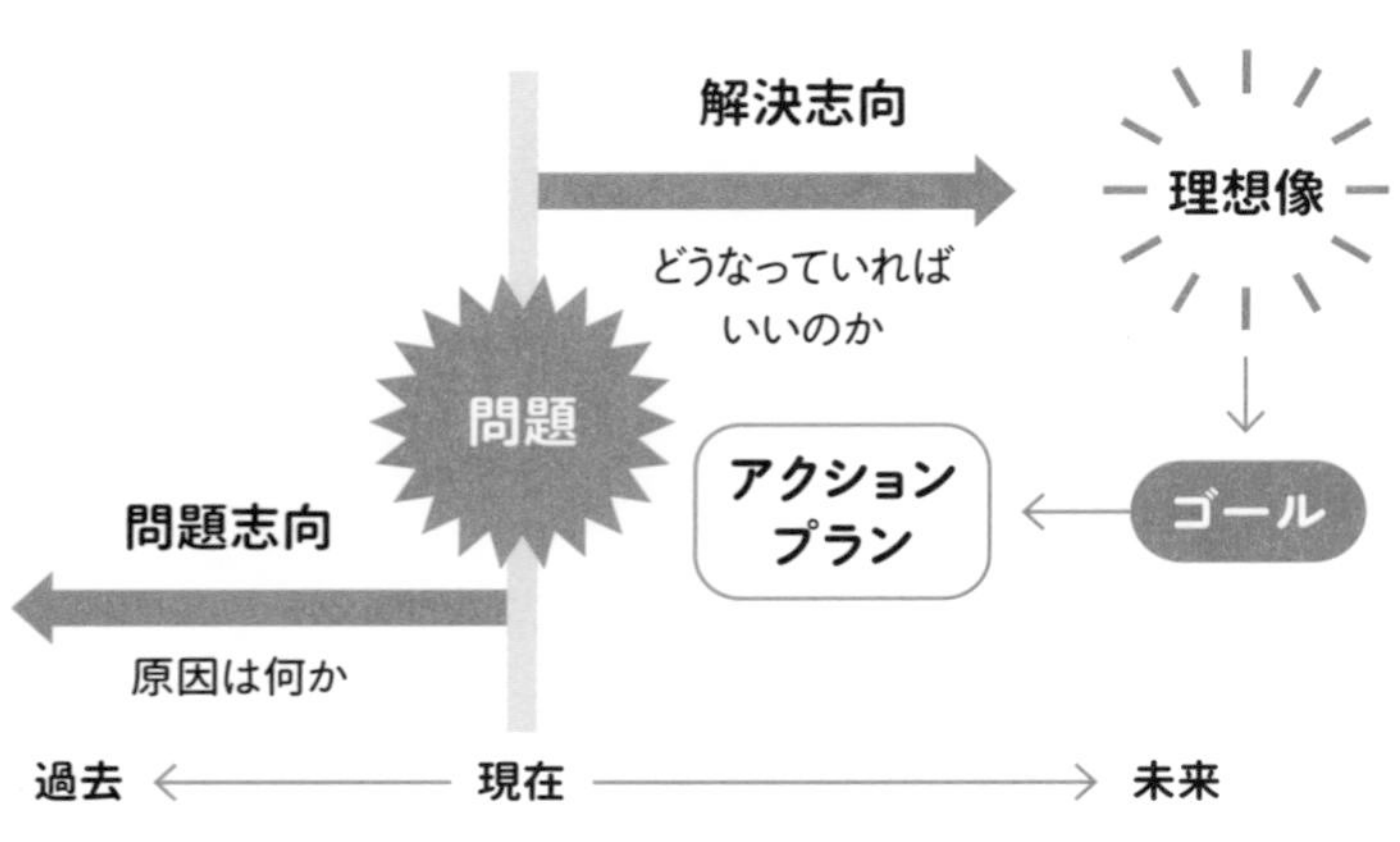

来を皆で一緒に考えるので、意欲が向上します。結果的に、たった1回の研修で劇的に変化を遂げたチームも少なくありません。

ストレスチェックで「職場の人間関係」の値が非常に低く、メンバー同士がぎくしゃくしているチームで「リチーミング」を実施したときのことです。研修前は殺伐とした雰囲気で、ディスカッションがスムーズに進むか不安だったのですが、時間が経つにつれてメンバーの表情がほぐれていきました。

そして、未来の理想像に「みんな笑顔で楽しく働く」という言葉が紡がれたのです。本当は仲良く楽しく助け合って仕事がしたかった。でも、誰もそのきっかけを作ることができなかった。そんな本音が「リチーミング」によって判明したのです。

チームの「ゴール」は「部屋の片づけ」。あちこちにものが散乱し、それまでの人間関係を表すかのような状態だったため、皆で掃除することから始めようということになったのです。

1か月後、再度訪問した私が目にしたのは、スッキリ片付いた空間の中で柔らかな表情でメンバーたちが働く風景でした。

目標やビジョンを考えるとき、まずは今の問題を解決せねばと「問題志向」に陥りがちです。しかし、人やチームに関することを「問題志向」で考えてしまうと、犯人捜しになったり問題ではないことまで問題視するようになるなど、あまりいい結論をもたらしません。

そもそも、ワクワクするようなビジョンでなければ、意欲高く前に進んでいくことはできないのです。

リーダーがチームのビジョンをひとりで考えるのも悪くありませんが、メンバー皆でビジョンを考えることでベクトルが揃います。なにより、**人は自分で決めたことは実行しようとするもの。**「半年後、自分たちはどんなチームになっているのだろう?」と、ポジティブに問いかけてみてください。きっと、思いもよらない理想像が飛び出してくるはずです。

幸せなチームへの道 15

未来の理想像をイメージする。未来に希望を持てるから現実が前向きに動き出す

6-3

1on1を活用しビジョン達成への役割認識を高める

解決志向面談で、役割認識を高める

ワクワクするビジョンを決めたら、次はひとりひとりがそこに向かってどう動くか＝「役割」を考えます。

スポーツの団体競技では、「優勝して世界一になる」というビジョンを掲げたら、「持ち前のスピードでゴールを決める」「粘り強く守る」などひとりひとりの役割を決めて、ベクトルを揃えて闘います。会社における仕事も同じはず。ですが、ビジョンだけでなく「チームにどう貢献してほしいか」という「役割」を伝えていないリーダーは多いものです。

ストレスチェック結果を見ると、ほとんどの会社の「役割」に関する項目は低いのです。**日本の企業がいかに「役割」を軽視しているか**が、そこに表れています。

「他者貢献したい」という人の欲求を満たしやりがいを高めてもらうためにも、チームワークを向上させるためにも、役割認識を高めていきましょう。

最近は1on1面談を実施する職場が増えてきましたが、リーダーが自分の考えを押し付けてしまったり、質問攻めでメンバーをつぶしたり、話すことがなくて困る人も少なくないと聞きます。せっかく面談をするなら、「解決志向」を用いて、メンバーの役割認識を高め、「ワーク・エンゲイジメント」向上のサポートをすることをお勧めします。

「解決志向」で役割認識を高めるには、面談の中で以下のステップを踏むことが有効です。

1 ビジョンの確認
2 リソースの洗い出し
3 役割を決める
4 ゴール設定

まずは、どんなチームになっていたらいいのかというビジョン（理想像）を再度伝えます（メンバー皆で考えた場合は、確認）。

次に、メンバーが持っているリソース（資源）を洗い出します。リーダーはメンバーの強みを伸ばすことが大事だとお伝えしましたが、まだ眠っている強みもあるはずです。できるだけたくさんの強みを見出すことが重要なので、

・本人の問題に関連する人・こと・もの、支えてくれる人、過去の体験、性格、特技、長所、短所といった内的なリソース

・趣味、リラックスできること、苦にならないこと、家族、ペット、ワクワクすることなどの外的リソース

これらをヒアリングしながら確認しましょう。ペットを飼っている経験が、お客さまの役に立つかもしれませんし、学生時代の挫折体験が活きる場面もあるかもしれません。リソースはすべて、強みです。

私は高校時代、演劇部で演出を担当していたのですが、後輩の中におとなしくて、緊張すると声がひっくり返ってしまうクセのある人がいました。普通なら小さな脇役を演じてもらうのでしょうが、そのクセがとてもユニークだと感じ、私は彼女を主役の熱血教師役

に抜擢しました。

これが大当たり！　ひっくり返る声がいい感じの個性となり、評判を呼びました。このように、ときには短所がリソースになることだってあるのです。本人が気づいていないリソースも伝えつつ、できるだけたくさん集めましょう。

アクションプランを実践するまでサポートする

リソースを集めたら、それを活かしてどんな役割を担ってもらうかを一緒に考えます。「論理的に話す力が高いから、スピーカーとしてチームのメッセージを社内外に伝えてほしい」「仕事の段取りを組むのが上手だから、そのやり方をメンバーに共有して生産性を高めてほしい」「慎重派のあなたは、とても細かなところに気がつく。チームのリスクマネージャーとして活躍してほしい」など、それぞれに合った役割が考えられます。

役割を認識し、前をグッと向いてくれたら、具体的に何を、いつ行うか、アクションプランを立てます。プランは、**小さく、具体的で、実現可能で肯定形であること**、が重要です。「仕事の段取りをメンバーに共有する」役割だとしたら、「新たな仕事に取り組む際にどのようなプロセスで段取りを組んだかを文書にまとめて皆に配布する。まずは今月中に1

本、書く」というふうに、できるだけ具体的なものにします。

このアクションプランは、メンバーに自ら考えてもらいましょう。計画倒れにならないよう、リーダーは、それを実行したかどうかの確認を行います。なかなか実践ができない場合、アクションプランに無理があるのかもしれません。その場合は、アクションプランを無理のない形に見直します。

ジョブローテーションを行い、さまざまな経験を積ませる組織もありますが、合わないことを無理にさせるよりも、強みを発揮してチームに貢献できることに専念してもらい、プロフェッショナルとして力量を高めてもらった方が、本人にとってもチームにとっても合理的です。

6－4

週イチ会議で残業が激減。話すことが奇跡を起こす

情報共有を徹底するだけで助け合いが生まれた

「多忙さ」「仕事の負担（量）」が課題の職場の中には、単純に仕事量が多いだけでなく、チームワークが取れていないことが多忙さに拍車をかけているケースもあります。

ある交通系の職場もそうでした。1か月の残業時間が過労死ラインの80時間を超えている人が大勢いる状況が続いていました。メンバー数が多いものの、会話が少なく、助け合いがあまりできていない職場でした。

そこで課長が行ったのが、**情報共有の徹底**。週1回の会議で、メンバーそれぞれに、「今、どんな仕事をしているか」「進捗状況」「余裕があるので手伝える」「手伝ってほしい」とい

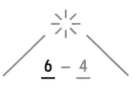

う自身の細かな状況を自分の口で発表してもらうことにしたのです。それまでは、隣の人が何をしているのかも知らなかったのが、互いの状況がはっきりと見えるようになりました。さらには、余裕のある人が立て込んでいる人の仕事を手伝うようになり、結果的に残業が激減したのです。まさにチームワークが発揮されるようになったわけです。

担当制で進めている職場では、「担当者にしかわからない」ので他の人が代わりに遂行することができないと思いがちです。しかし、本当にそうでしょうか？　情報共有ができていれば、ほかの人が代わりに、部分的に遂行することも可能です。

今後、ますます労働人口が減少します。週休3日制も増えつつあります。よりいっそう、チームワークを発揮し、個人ではなくチームの力で仕事を進めていくことが重要な課題になります。

チームとして目標に向かって行くことの大切さを胸に、助け合いながら進めることができるようになるためにも、情報共有を徹底的に行い、各人の仕事の可視化をすることは、メンバーにとってもチームにとってもハッピーな結果を招きます。

6－5

チャット、メール。文章のやりとりはローコンテクストに

メールは、理由を明確に、感情を乗せて

テレワークが拡大し、メールやチャットでのやりとりが増えました。実はこれによって、新たなストレスが生まれています。メールの量が増えたストレスもありますが、「上司からのメールでの指示が冷たい。期待されていないのだと思います」と落ち込む若手や、「同僚からのメールが何を言いたいのかよくわからない。結局電話して聞くことになります」など、文章のやり取りがうまくいかず、ストレスを感じる人が多いのです。

日本語は、ハイコンテクスト文化だと言われています。ハイコンテクストとは、高文脈という意味。言葉に含みを持たせる、あえて婉曲表現を使う、察するなど、文面だけでは伝

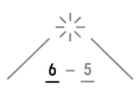

わらないニュアンスを多分に含んだ言語文化です。空気を読む日本人は、相手の表情や声のトーンなどの非言語で、言葉の裏に潜む相手の本意を汲み取ってきました。

それは対面だからこそできる高度な技術。文字情報しかないメールでは、ニュアンスを汲むのは難しい。だからこそ、さまざまなストレスが生まれてしまうのです。

それだけではありません。経験を重ねたリーダーたちは、仕事のツールとして日常的にメールを使ってきました。しかし若手のコミュニケーションツールはＳＮＳやメッセージアプリ中心。新入社員の中には、メールがうまく書けない人もいます。そもそもの使い方の認識や経験が異なるということも念頭に置く必要があります。

テレワークでは、ただでさえ雑談が失われ、チームワークが崩壊しがち。だからこそ、こういったことを認識したうえで、文字のやり取りをしなければなりません。

メールを送る場合は、ローコンテクスト（低文脈）を意識しましょう。何を、どのようにしてほしいのかを簡潔に書くだけでなく、理由も必ず伝えるようにします。

「報告書を明日までに作成してください。よろしく」ではそっけなさすぎますし、なぜ明日までなのかがわかりません。

「明後日、この件について部長と打ち合わせをします。報告書を明日までに作成してほしいのですが、お願いできますか?」とすれば、何のために急いで作業をする必要があるのかがわかります。

さらに、**文字だけでは伝わりにくい感情を、メールに乗せるとなおいい**でしょう。

「お疲れさまです。テレワークでもきっちり業務をこなしてくれて、とてもありがたいと思っています。明後日、この件について部長と打ち合わせをします。忙しいところ申し訳ないのですが、報告書を明日までに作成してほしいのです。お願いできますか?」

「ありがとう」「嬉しい」といった感情表現や、「申し訳ないのですが」「お疲れさま」と相手に配慮したりねぎらったりする表現を盛り込むと、こちらの思いがしっかり伝わります。心を伝えるメールになり、メンバーは安心します。

チャットは少しテンション高めに

チャットを活用しているチームも多く、新入社員の中には、「ずっとテレワークですが、常にチャットが立ち上がっているので、すぐにわからないことを相談できます。孤独感も感じることもありません」と、チャットでのやりとりに助けられている人もいます。

感情をメールに乗せる

方丈さま

お疲れさまです。

報告書

受け取りました。

取り急ぎ。

▶

方丈さま

お疲れさまです。今日も暑かったですね

Ａ社への提案、終了したのですね。
ありがとうございました。
報告書、確かに受け取りました。
うまくいったようで、嬉しいです。
もう一押しですね！

明日から連休です。
ゆっくり、素敵な時間を過ごしてください。

感情をメールに乗せる小ワザ

クッション言葉を使う

［例］ お手数をおかけしますが、恐れ入りますが、私の説明が不十分だったかもしれませんが、もしよろしければ

感情表現を使う

［例］ ありがたい、嬉しい、楽しい、喜び、ワクワク

気遣いを表現する

［例］ 暑い日が続いていますので水分補給をしっかり行いましょう！
忙しいなか、いつもいいアイデアをありがとう

スタンプひとつで感情を伝えられたり、砕けた表現でやりとりができるので、テレワークではおおいに活用したいツールです。

リーダー自らスタンプを使い感情表現したり、少しテンションの高い言葉を使うと、仕事中の緊張もほぐれます。

ただし、「チャットを盛り上げようと過剰に皆が頑張ってる感じがストレス」と言う人もいます。やりすぎ、盛りすぎは禁物。適度なテンションでうまく活用してください。

幸せなチーム への道 16

身近な仲間だからこそ気遣いのひとことが効く。

6-6

ビデオ会議ではカメラはオンに。顔を見る安心感が絆を深める

チーム内ではカメラオンをルールにしよう

オンライン会議もあたりまえになりましたが、実はストレスチェックの「上司・同僚のサポート」が高いチームほど、カメラをオンにしている傾向が見られます。

私もオンラインで会議、研修、カウンセリングを行っていますが、相手がカメラをオフにしている状態だと非常に話しづらく、ストレスを感じます。反応がわからないため、相手に合わせた話ができなくなります。相手の表情が見えると見えないとでは、安心感がまるで違い、仕事の質も違ってくることを実感しています。

部屋が汚いからとか、メイクをしていないからといった理由でカメラをオンにすることを拒む人もいるようですが、**ビデオ会議は仕事です。通常の会議であれば、全員が顔を**

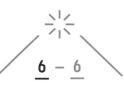

出しているわけですから、オンラインであっても出すがあたりまえです。大人数が参加する研修などでは、回線の都合でカメラをオフにしたほうがスムーズな場合もありますが、チーム内の会議ならカメラはオンにしましょう。部屋を見せたくないのであれば、バーチャル背景を使えばいいのです。

リアクションはしっかり行うのがポイント

ただし、カメラをオンにするというルールを作るならリアクションはしっかり行うこと。誰かが話しているときに何のリアクションもせず、固い表情で(真剣ゆえに固くなっている人もいます)聞いている人がとても多いのですが、それでは話し手に「あなたの話はつまらない」「よくわからない」というメッセージを送っているようなもの。プレッシャーをかけてしまいます。そういった心配をなくすために、「うなずき係」を設けるチームもあります。誰かひとり、しっかりリアクションを取る人がいるだけで、話し手が話しやすくなり、会話がはずみます。

オンラインでは対面と比較してリアクションが伝わりにくいもの。いつもの3割増しで大きめにうなずいたり、口角を上げて柔らかな表情を作ることを意識してください。会議のはじめに、皆で笑顔を作ってもいいですね。

6章

ワクワクするビジョンが
チームワークの条件。
ワクワクしなければ
やりがいは高まらない

「解決志向」でいこう。
過去でも現在でもなく
未来に視点を移すと
現実が動き出す

情報共有の徹底で
チームワークが向上。
簡単で単純なことが
意外と効く

オンラインでは
カメラはオンに。
互いの顔を見る安心感が
チームワークと健康を高める

COLUMN

幸せなチームのためのコラム 6

リーダーのおせっかいがメンバーを救う

「プライベートを仕事に持ち込まない」と考える人は少なくありません。しかし、そんなことは不可能です。家族の介護をしていたら、その疲れで仕事に影響が及ぶことがあります。子供が不登校だったとしたら、心配で体調を崩し、思うように仕事ができなくなることもあります。私たちの体も、心も、たったひとつしかありません。プライベートと仕事をきっちり分けることなどできないのです。

そのことを踏まえてマネジメントすることが、今は常識です。「Self」には、「家庭生活」という項目があります。プライベートにおける心配事や悩み、生活が充実しているかどうかなどを訊く質問から成り立っている項目です。プライベートのストレスをどの程度抱えているかを調べることで、職場での施策がより明確になります。

リーダーの中には、「プライベートのことでしょう。職場ではどうにもできませんね」と言う人がいますが、それは違います。もちろん、プライベートの問題そのものの解決は職場ではできません。しかし、家族のことで悩んでいて疲れていたり、仕事の能率が下がっているようなら、職場でのサポートが必要です。

体調を崩し気味の人がいるなら、まずは仕事の負荷の調整をしてください。「プライベートのことは忘れてやるべきことをやれ！」と言うなど言語道断。安全配慮義務違反に当たる可能性があります。原因がなんであろうと、健康状態が心配なメンバーには配慮をしなければいけません。

メンバーのプライベートの悩みを聴いてあげている、深い思いやりをもったリーダーもいます。多忙な中、メンバーに寄り添っているという話を聴き、頭が下がる思いです。ただ、それでリーダーの負担が高くなってしまうとしたら本末転倒です。リーダーはマネジメントに徹し、心のケアは専門家に任せてください。

職場にカウンセラーがいる、相談窓口がある場合は、それら専門家にメンバーをつなげてください。ストレスで疲弊しているときは、人に相談することのハードルが高くなっています。自分から主体的に相談ができにくくなっていますので、連絡先を渡して、「話すだけで気持ちが軽くなる。気軽に電話してみるといいよ。秘密は守られるから安心して」と、相談を促すようにしてください。

職場に専門家がいなくても、自治体の相談窓口や民間の電話やＳＮＳカウンセリングなど、無料や安価で利用できる相談窓口は多数存在しています。時間のあるときに探しておき、いざというときに教えてあげるのもいい方法です。ひとりで悩みを抱え込ませないよう、サポートをしてあげてください。

かつてインタビューをした人気歌手が、こんなことを話してくれました。

「コンサートをしているとね、いつも思うんです。ファンの人たちは、家に帰れば家族がいて、友達がいる。ひとりひとりに人生があるんです。それを思うと、手をにゅにゅ〜っと伸ばして抱きしめたくなるの」。

職場の仲間も同じ。皆に、会社にいるとき以外の顔があり、日常があります。そこも含めて、ひとりの人間として大切につきあうのが、仲間です。一日の大半を共に過ごす仲間が困ったり悩んだりしていたらサポートするのは当然ではないでしょうか。

もちろん、業務に関わりのないことを根掘り葉掘り訊くのはＮＧです。しかし、仕事に影響が出ているのであれば、仲間としてサポートするという気持ちで、恐れずに声をかけてください。あなたが信頼に値する人ならば、メンバーは話してくれるはずです。

自分のことを気にかけてくれる人がいると思えることは、大きな力になります。くじけそうなとき、不安なとき、落ち込んだとき、「もう少し頑張ってみよう」と力を振りしぼる原動力になります。

いつの時代も、人を救い、元気にするのは、おせっかいです。

おわりに

最後までお読みいただきありがとうございます。

「はじめに」でお伝えしたふたりの編集長の話には続きがあります。とても厳しかった最初の編集長は、私が異動になった3年後、がんで亡くなりました。39歳でした。あまりに早すぎる死です。

編集長としてさまざまなプレッシャーがあったのでしょう。いつも深夜まで会社で仕事をし、眉間にしわを寄せながら考え事をしていました。私たちにも厳しかったですが、それ以上に自分に厳しい人でした。だからこそ、半端ではないストレスを抱え込んでいたのでしょう。それが、病気の大きな原因になったのだろうと思います。

もしも、ストレスをひとりで抱え込まず、周囲のサポートを得ながら、もう少し肩の力を抜いて、幸せに仕事ができる人であったなら、今も元気に仕事を楽しんでいるのではないかな、と思います。

苦しみながら仕事している人を減らしたい。楽しく幸せに仕事する人、幸せな職場があふれる日本になってほしい。そんな思いでこれまで活動を続けてきました。そしてその思いを込めて、本書を綴りました。

ストレスチェック制度がスタートしたことも、私の思いを後押ししてくれたように感じます。ストレスチェックは、上手に活用すれば本当に役に立つツールです。しかし、「集団分析」は、さまざまな要素が相互に作用しあっていたり、質問意図や回答の詳細な状況などを把握したうえで分析することが重要です。慣れていないと読み解きが難しいものなので、専門家の力も活用していただけたらと思います。

多くの職場でストレスチェック後のコンサルテーションや研修を担当してきましたが、リーダーたちからは、「なんとなく感じていたことが数字に表れているので、自信をもって対策を打てるようになった」「自分ひとりではチェックを読み込むのは難しいので、コンサルテーションをしてもらえてありがたい」「自分のやっていることは間違っていないのだと思えた。これからはチェックに出た強みの部分を伸ばしていこうと思う」など、ポジティブな反応を多数いただいています。

幸せこそが職場の健康度と生産性を高めるという概念についても、いまだ受け入れがたいと言う人もいますが、うなずいてくださる人も増えてきたと感じています。「ウェルビーイング」に関心を寄せる人が増え、経営にそれを取り入れる企業が増えてきたことも、混とんとした世の中においては自然な流れなのでしょう。「健康経営」のその先の「幸福経営」が、今後、あたりまえのこととして産業界に根づくことを期待しています。

これから、ますます速いスピードで、時代は変化していきます。しかし、どんなに世の中が変わっても、変わらないものがあります。

それは、「人間は幸せになるために生まれてきた」ということ。

リーダーの皆さまには、そのことを念頭に置き、ご自身も、メンバーも幸せになるような職場環境を作っていただきたいと願っています。

どうぞ皆さまの今後のキャリア、そして人生がもっと充実しますように。

最後に、駆け出しのカウンセラーの頃からお世話になってきたウェルリンク株式会社の皆さま、とくに本企画を進めるにあたり多大なるご尽力、後押しをしてくださった平松彩さんに感謝申し上げます。ウェルリンクももちろん、とても幸せなチームです。

船見敏子

２０２１年9月吉日

参考文献

「ワーク・エンゲイジメント　ポジティブ・メンタルヘルスで活力ある毎日を」島津明人著（労働調査会　2014年）

「ここからはじめる働く人のポジティブメンタルヘルス―事例で学ぶ考え方と実践ポイント―」川上憲人著（大修館書店　2019年）

「ポジティブ心理学の挑戦　"幸福 から"持続的幸福へ」マーティン・セリグマン著　宇野カオリ監訳（ディスカヴァー・トゥエンティワン　2014年））

「幸福優位7つの法則　仕事も人生も充実させるハーバード式最新成功理論」ショーン・エイカー著　高橋由紀子訳（徳間書店　2011年）

「自分でできる対人関係療法」水島広子著（創元社　2004年）

「実践ラインケアマニュアル　管理職・上司のための職場のメンタルヘルスケア」（ウェルリンク株式会社　2012年）

「職場のメンタルヘルス　セルフケア・ワークブック」（ウェルリンク株式会社　2009年）

※「総合ストレスチェック Self ®」について
「Self」はウェルリンク株式会社の登録商標です。商標登録第4771959号
ストレスチェックの詳細はウェルリンク株式会社ホームページをご覧ください。
https://welllink.co.jp

船見敏子

（ふなみ・としこ）

公認心理師、
1級キャリアコンサルティング技能士、
産業カウンセラー。
株式会社ハピネスワーキング代表取締役。
ウェルリンク株式会社 EAPコンサルタント。

大手出版社で雑誌編集に携わり、経営者、俳優、作家、ミュージシャンなど1000名超の著名人を取材。インタビュースキルを高めるためにカウンセリングを学び始めるや、その意義や奥深さにたちまち魅了され、2005年にカウンセラーに転向。以後、全国の企業で研修、コンサルティング、カウンセリングなどを通じ、メンタルヘルス及び組織活性化支援を行う。幸せに働く人、幸せな職場を増やすことに情熱を傾けており、研修・講演実績も含め、これまでに約1000社・10万人のメンタルケアに携わってきた。ストレスチェックにも精通、「集団分析」を活用したコンサルティングも数多く行う。メンタル不調者を6割減らした実績もある。ヘルシンキ・ブリーフセラピー・インスティテュート認定「リチーミングコーチ」、メンタルレスキュー協会「UCPC（うつ・クライシス専門カウンセラー）」資格も保有。著書に『職場がイキイキと動き出す　課長のほめ方の教科書』（左右社）、船見真鈴名義で「『聴く力』磨けば人生うまくいく！」（マガジンハウス）など。

株式会社ハピネスワーキング
http://happiness-working.com

装　丁　北谷彩夏
DTP　山口良二

幸せなチームのリーダーがしていること
ストレスチェックのプロが教える、
新しいチームづくり

2021年10月11日　第1版第1刷発行

著者　船見敏子（ふなみ　としこ）

発行人　宮下研一
発行所　株式会社方丈社
〒101-0051
東京都千代田区神田神保町1-32 星野ビル2階
tel.03-3518-2272／fax.03-3518-2273
ホームページ https://hojosha.co.jp

印刷所　中央精版印刷株式会社

ISBN978-4-908925-85-6